はじめに

子育てはわからないことが当たり前。それでいいんです！

はじめての妊娠、出産を経て、みんな「はじめてのママ」「はじめてのパパ」になりますよね。

当たり前だけど、それは人生ではじめての経験！

そしてみなさんはじめてのことを必死にやっている。

それだけでとっても素敵なこと！　と私は思います。

わからないことがあって当然、うまくできないことがあって当然！

だれでもみんな一緒です。

毎日は選択の連続

子育ては毎日たくさんの選択を迫られます。はじめてのママとパパにも容赦なくそれがやってきます。小さなことから命にかかわりそうなことまで、全部自分たちが決めなくてはいけないのです。

「これは病院連れて行くの？　今すぐ行ったほうがいい？　いや、明日でもいいか？」

「救急車呼ぶ？　いや自分で連れて行く？」

「薬飲ませる？　でも吐いてるし……」などなど。


これってけっこうしんどい。

「親だから当然でしょ」って言われるかもしれませんが、不安になることもあるでしょう。

もし間違ってしまったら……と、こわくなることもあるでしょう。

だって、大切な大切な愛おしいわが子だもん!!　心配なのは当然ですよね。


私も第一子を出産した後は、毎日小さな選択問題が頭の中で繰り広げられていました。

小児病棟に勤務していたので、子どもの病気や治療などの知識はあると思っていました。

でもね、これが全然ダメダメでして……、むしろ夫のほうがしっかりしていたし、冷静でした（笑）。


考えてみれば私の仕事は、「この子は病気だよ」って医師に判断された子どもを看護する仕事。

「え、これって病気なのかな？」を自宅で判断するのは非常に難しいことでした。

逆に病気の知識だけはたくさんあったので、子どもの症状の1つずつが全部重篤な病気に見えてしまって……、今となっては恥ずかしい思い出です。

今は情報がたくさんあり、うれしい反面、むずかしい時も

育児中、迷った時に役立つ情報は、今やあらゆる場所にあふれています。

スマホを開けば情報だらけ。

でも何が正しくて、何が間違いなのか……。

情報はとっても役立つものですが、悩んでいる時は、かえって迷わされたり、混乱することにつながりかねないですよね。

「情報とは上手に付き合うこと」「情報の波に飲み込まれないこと」と思いながら、私も何度もおぼれかけちゃった時がありました、いえ今でもあります。心配が大きければ大きいほどに。

「こうしなきゃいけない」「これが普通だよ」「みんなこれやってるよ」など、
知ることで逆に苦しくなる情報ではなく、
知ったことで選択肢が広がり楽になる情報を届けたい。
目の前の子どもを見て選べるような情報を。
この本はそんな思いで作成しました。

子育ては、かかりつけ医を味方に付けちゃおう!

冒頭でも述べましたがはじめての子育ては、すべてのことがはじめての体験なのです。

わからないことすらわからないって時もあるかと思います。そんな時に頼りになるのが「かかりつけ医の小児科」です。

ただ、意外と小児科とのお付き合いに悩んでいるママが多いことを、小児科にいる立場のひとりとして感じています。

「忙しそうで聞けなかった」
「聞いたら、逆に怒られて……」
「聞けるような雰囲気じゃないんですよ！」

そんな声を耳にすると、医療従事者としては反省しかなくて、身につまされます。

この本の中には「小児科のかかり方」の項目を作りました。

「せっかく小児科に連れてきてくれたんだから、子どもにとってよい受診にしてほしいし、モヤモヤ感を残さず安心して帰ってほしいなぁ」と思うからです。

「かかりつけ医の小児科クリニックとママパパのみなさんが最強のタッグを組むことで、子育ての仲間が増える、そんな関係性を築いていけたらいいなぁ」と常に感じています。

子どもを育てながら、「情報＋経験」の両方を得ることで、少しずつ子どもが育つように、私たち親も成長していけたらいいですよね。

本書でそのお手伝いをすることができたら、とってもうれしいです。

野村さちい

子どものいつも?!思い出せない!

○○小児科
クリニック
朝起きたら顔が真っ赤で
熱があったんです…
いつもと比べて
様子はどうですか？
えっ!?
いつもの!?
いつもって
どんな感じ
だったっけ？
あれ？こんな音
してたっけ？
ピーピー
あれ？いつもは
こんなおなかの
張りだったっけ？

頭っていつもこんな形だったけ？
いつもはこんなにほっぺ腫れてたっけ？
いつもはこんな爪の色だったっけ？
だめだー
全然思い出せない
「いつも」ってすごく大事なんだよ
え⁉
今日は、子どもの様子がいつもと違うから病院に連れてきたんだよね？
それすごーく大正解！
そうです、朝から
ぐったりしていて…

病院に連れていくタイミングを考える時や
元気な子
具合の悪い子
機嫌の悪い子
泣いている子ども
病気の重さ、今の子どもの状態を判断するためには「いつも」がとても大事なの
だからお医者さんから「いつも」を聞かれたんですね
そういうこと
そして子どもの「いつも」を知っているのは
お医者さんでも看護師でもなく毎日子どもを見ているママパパなんだよ
でも、いきなり聞かれても
全然思い出せなくて…
しょんぼり
オッケー！
それをこれから解説するね！

子どもの見方

「いつもと違う」に気づくには、子どもの「いつも」を知っておかないとね。とはいえ、子どもはどんどん成長するし、見えない部分も増えてくるので、月に1回は意識してチェックしようね。

いつもの「食欲」は？

□おっぱいの飲み・
吸いつき・間隔は？
□ミルクの量・
飲むスピードは？
□離乳食の量は？
□食べっぷりは？
□間食は？

いつもの「呼吸」は？

□すやすや眠れてる？　□どんな音がしている？
□寝ている時のおなかや胸はどんな動きをしている？
□寝ている時の顔つきは？　□1分間に何回くらい呼吸している？

いつもの「肌」は？

□つるつる？　□がさがさ？
□かゆがる？　□しっとり？

よーく
触っておこうね

いつもの「うんち」「おしっこ」は？

□1日に何回くらい？
□うんちの硬さや量は？
□おしっこの色は？においは？
□出方はどんな感じ？
（スルッと出る？　時間はかかる？）

いつもの頭とおなかまわりは？

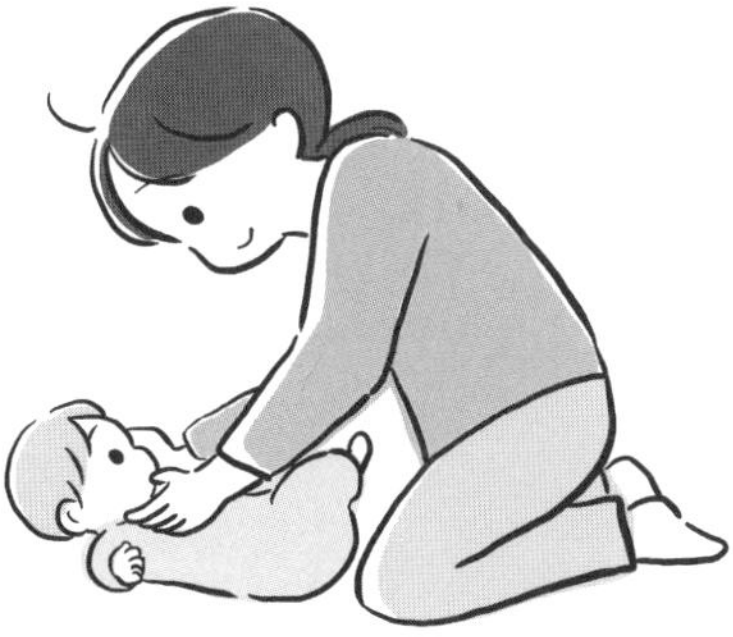

□頭はどんな形？
□大きさはどれくらい？
□大泉門(※)の場所は？　触るとどんな感じ？
□おなかの張り具合は？　どんな弾力？

※頭頂部の骨の間にある一番大きな菱形のすき間。

いつもの「顔色や唇の色、爪の色」は？

□顔色は？
□くちびるの色は？
□爪の色は？
□白目の色は？

救急車の呼び方

子どもの急なケガや病気で救急車を呼ぶ時って、どうしても焦るよね。一度練習しておくと、いざという時少しでもスムーズに対応できるかも。

こんな状態の時は絶対に救急車!

- ☑ 意識がない
- ☑ けいれんが止まらない
- ☑ 呼吸していない
- ☑ 窒息している

電話の仕方

1. 慌てなくて大丈夫なので、まずは深呼吸
2. 救急車は「119番」にかけて、「救急です」
3. 聞かれたことに答えていけばOK !

消防です。火事ですか？　救急ですか？

救急です

どうしましたか？

Ⓐ子どもがⒷついさっきからⒸけいれんしていてⒹ意識がありません

Ⓐ「だれが」Ⓑ「いつから」Ⓒ「どうなって」Ⓓ「今どんな状態か」を伝えよう。

場所はどこですか？

○○市△△町1丁目2－3です

携帯電話でかけるときはGPS機能をONにしておこう。目印になるものも伝えよう。

お子さんの名前と年齢、電話番号を教えてください

○○健太。1歳。電話番号は090-○○○○-××××です

わかりました。電話を切ってお待ちください

電話は「切ってもいい」と言われるまではつないでおこう。

電話を切ったらすぐに準備するもの

マイナンバーカード
保険証
□

おくすり手帳・
母子手帳
□

おむつや着替え
□

メモ帳と
筆記用具
□

哺乳瓶・ミルク
□

ビニール袋
□

携帯電話
□

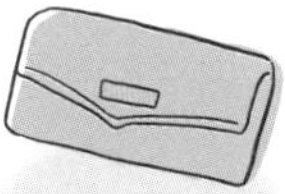

財布
□

電話を切ってから救急車が到着するまでは平均7～8分程度。その間に持ちものを準備して（□にチェックをつけよう！）。

そのほか余裕があれば▶P28

救急車を呼ぶか どうか迷ったら

● #7119（救急安心センター事業）

救急車を呼ぶか迷ったら相談できるよ。地域で実施しているところとしていないところがあるので、事前に確認しておこう。

● #8000（子ども医療電話相談）

休日・夜間の受診の判断に迷った時や、おうちケアのことなど看護師（小児科医）にアドバイスが受けられる。

サイレンが近づいてきたら

ママとパパなど複数人がいるなら、ひとりは外に出て救急車と救急隊の誘導を。ひとりの時は、そのまま子どものそばにいて携帯電話を近くにおいておこう。

子どもの病気・救急 ぜったい これ知ってて！
CONTENTS

Chapter 2

マンガ

よくある症状の観察ポイント

コレ知ってて！

モヤモヤ解決ROOM

今すぐ救急？
朝まで待つ？

しんちゃん大丈夫？
ザワ
子供がおちた
ザワ
うわあああんっ

Chapter 4 たいへん！ 子どもが病気

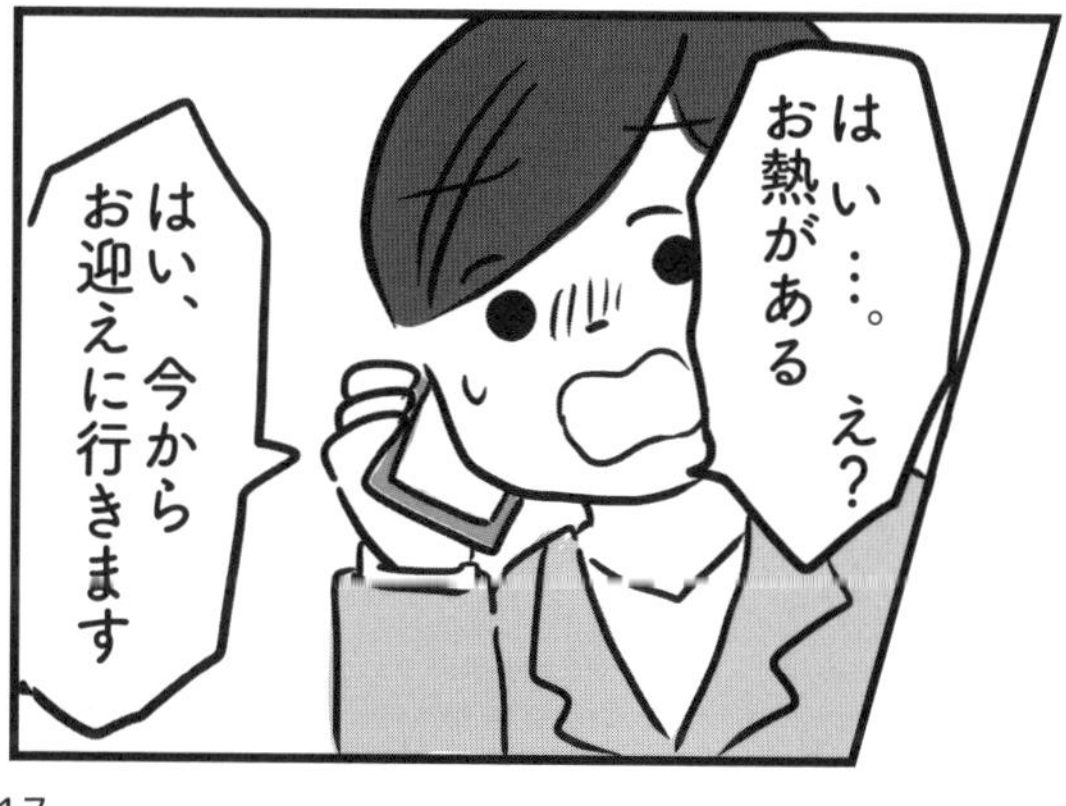

はい…。え？お熱がある
はい、今からお迎えに行きます

Column

コレ知ってて！

モヤモヤ解決ROOM

Chapter 5

受診する？しない？迷いがちな症状

マンガ

モヤモヤ解決ROOM

えっ
…もうごちそうさまなの？
イヤ
イヤ
いつもより食べる量も減ってるし
心配だから小児科で診てほしいけど…

Chapter 6

おうちでケアもけっこうしんどい

病気・救急インデックス（50音順）

Chapter 1

小児科での モヤモヤを解決！

子育て中に何度もかかる小児科。
子どもにとって毎回の受診がよい受診で
あるようにしたいよね！
そしてママパパもすっきり安心して
おうちに帰れるのがベスト。
かかり方のポイントをまとめてみたよ。

小児科で聞きたいこと聞いていい？

水分は飲めてる？
おしっこは？
えっと
いつもよりは
飲めてないかも
しれません
機嫌はどう？
うーん…
そうだね～
のども赤いし
風邪かな？
え？ 風邪？
ただの風邪？
家に帰って普通に
してていいの？
夜になって
熱が上がったら？
聞きたいこと何も
聞けなかった…
先生忙しそうだったけれど
聞いてもよかったのかなぁ
小児科の上手な
かかり方や
子どもにとってよい受診に
するためのコツを教えるね！

小児科の先生の本音はきっと…!

全国各地にいろいろな小児科の先生がいます。その人数だけ、考え方や診療のポリシーがあるはず。自分と子どもに合う先生を見つけよう!

ママの意見から気づくことも

ママたちからよく聞かれるのが「薬や治療について意見を言ってもいいの?」ということ。先生のタイプにもよるけれど「こういうのがいい!」という希望は言ってもいいと思います。それが今の子どもに必要か不要かの判断は先生にまかせるとしても、ママたちがなぜそう感じるかの根拠はとても大事な情報で、そこに診断のヒントがある場合も。

少しずつ経験値をあげていこう

もう1つよく聞かれるのが「夜間や休日に受診したらダメ?」。これは「絶対ダメ」じゃないし、「いつでもいいよ」でもない。夜間や休日に診療可能な病院は限られているから、軽症ならおうちケアに。でもいきなりその判断は難しいから、「なんか変」「いつもと違う」と思ったら受診して、経験値をあげていこう。

コレ知ってて！

小児科でのそれ誤解だよ

ママたちは「小児科でこんなこと言うと怒られる？」「先生に嫌がられる？」と、たくさん悩んで考えて連れてきてくれるけれど、意外と誤解も。

ママも子どもも安心して受診できるようにぜひコレ知っておいて！

1 診察室で赤ちゃんを泣かせちゃダメ

病院で泣き声のコントロールは難しいよね。病気でしんどい時は泣いて当たり前だし、泣き方や泣き声の強さも診察の大切な手がかりになります。気にしすぎなくて大丈夫。

2 診察室で余計なことを言っちゃダメ！

診察すればすべてがわかるわけではありません。「家ではこんなことがありました」「普段はこんな感じです」というママパパからの情報も正確な診断の手がかりになることも。遠慮なく話して！

3 「何度も来てる」って思われる？

「よくならない」「ひどくなった」は大切な情報。別の病院に行っちゃうより、同じ病院に来てくれたほうが、子どもにもいいし、私たちもうれしい。次の作戦を一緒に考えていこう。

4 病院を変えたら嫌がられる！

おうちで見るママパパが安心できることも大切。「合う、合わない」はやはりあるので、嫌がられることはないよ。ただ、毎回意味なくコロコロ変えるのはおすすめできないな。

上手な小児科のかかり方

受診後、すっきり安心して帰るための伝え方、聞き方のポイントを知っておいて！

受診後のモヤモヤはNG！

いろいろなタイプの先生がいる。だから、時には「質問したら嫌そうな顔をされた」「圧がすごくて、こちらから質問できる雰囲気がない」なんて思いをすることもあるかも。でも、自分と子どものためにも、質問できることはしておこう。聞きたいことは聞いて、モヤモヤを残さないのが一番大事だよ。

先生との関係性は変わる

医者と患者も人間関係だから相性もある。だけど一見こわそうでも実は子どものことをよく考えている先生や、感じが悪そうでも意外と話がおもしろい先生も。最初はかみあわなかったり、質問して嫌な顔されたりしても、通い続けているうちに関係性ができてきて、言いたいことが言える関係になるよ。

1 診察では「正確に簡潔に」伝えよう

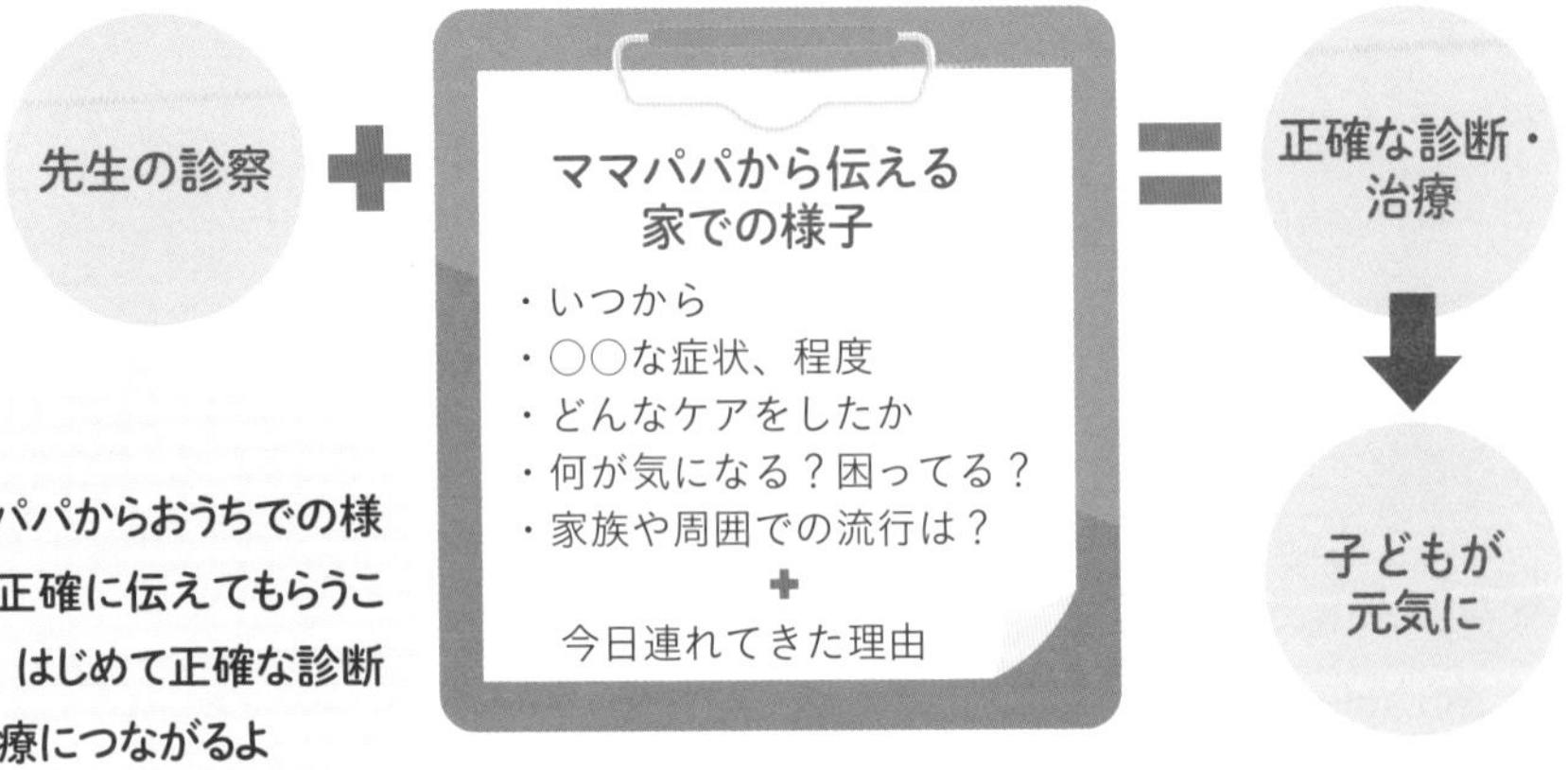
先生の診察
ママパパから伝える
家での様子
・いつから
・○○な症状、程度
・どんなケアをしたか
・何が気になる？困ってる？
・家族や周囲での流行は？
今日連れてきた理由
正確な診断・治療
子どもが元気に

ママパパからおうちでの様子を正確に伝えてもらうことで、はじめて正確な診断や治療につながるよ

② お熱の経過表

体温や経過をメモしてきてくれるとありがたいけれど、
できれば経過表にまとめてきてね。スマホでもいいけれど紙のほうがすぐ見れる。

12/4　40.0
12/5　38.2
　　　39.5
　　　39.9
12/6　37.0
　　　37.7
　　　39.5
12/7　36.8
　　　⋮

12/4 から熱が出て、最初はまあまあ元気だった。
12/5 小児科でインフル検査マイナス。
12/6 熱が下がらずまた小児科へ。中耳炎もあった。高熱だから念のため血の検査してまあ問題なさそうと。抗生物質を３日分もらう
⋮

同じことが記入されていても“パッと目で一目瞭然”が診察する際にはかなり助かるよ。
すべての情報をこの１枚に書き込んでおこう！

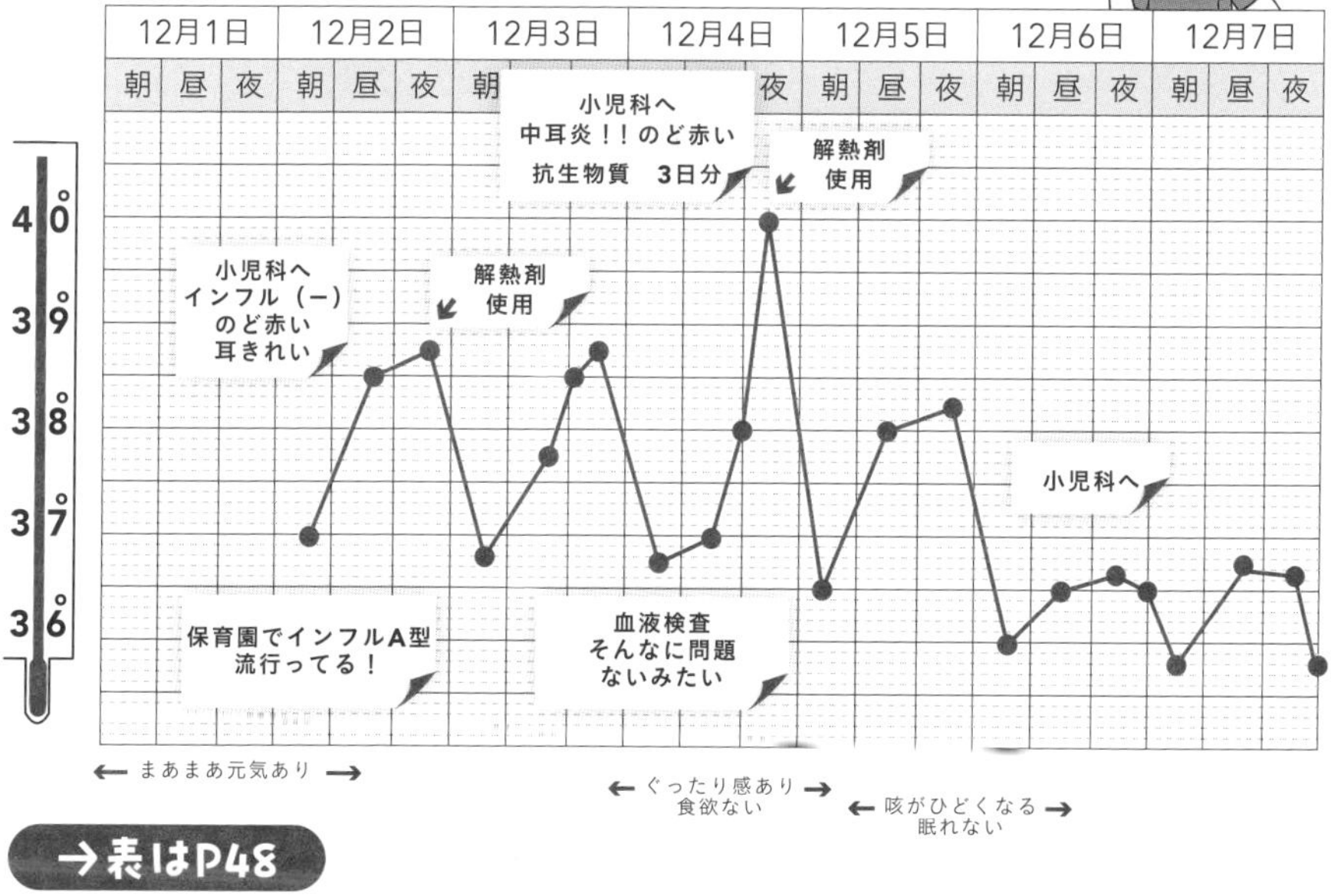

→表はP48

3 使えるものは使う

ママたちがおうちで見た子どもからのサインを、
病院の先生に正しく伝えられるツールを用意しよう。

動画

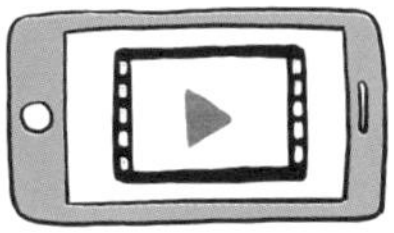

変な咳が出た、けいれんを起こした、動き方がいつもと違うなど、動きがある症状は動画がわかりやすい。咳に特徴のみられる病気もあるから、音声も大事だよ。

そのもの

誤飲をした時は、飲んでしまったものをそのまま持ってきて。そのものがなければ同じ種類のものでも。

母子手帳

特にはじめての小児科にかかる時は持っていこうね。かかった病気や気になることは記録していこう。

写真

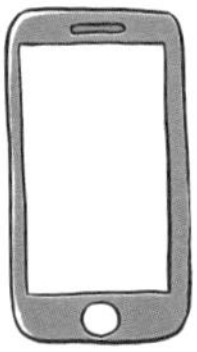

言葉よりも画像は一目瞭然だものね。特に血便や発疹は説明よりも見たほうが早い。発疹は時間とともに消えちゃうことがあるので、ぜひ写真を撮っておいて。

お薬情報

飲んでいる薬、おくすり手帳など、今までの治療や経過は、次の診療を考えるうえで、とっても大切な情報。
※マイナンバーカードの保険証利用でも、お薬情報を共有できるよ（要同意）。

④ コレだけは聞いて帰ろう

今は どんな状態ですか？

病名はもちろん、まだこれから症状が変わる可能性があるのか、もう治りかけなのかを確認しよう。

どんなことに 気を付けてすごせば いいですか？

家でのすごし方や食事など、注意することも聞いておこう。どこをよく観察すればいいかなども。

どんな治療が 必要ですか？

通院になったら、今後の治療内容や薬のことなど、先生がどんな作戦で治そうとしているのか聞いておこう。

どんなときにもう 一度連れてきたほう がいいですか？

今後、どんなふうに症状や状態が変わる可能性があるのかと、受診のタイミングを聞いておこう。

夜や休日でも急いで 病院に来るべき 状態は？

病気によっては、どうなったら緊急受診のサインなのか知っておくと安心だよね。

薬は飲みきる？ やめてもいい？

ゆっくり効いてくるタイプの薬や、短期間で飲む薬、最後まで飲み切る薬など、種類によって違うから聞いておくと安心。

今日連れてきた
一番の理由を
ちゃんと話そうね

⑤ こんなことも聞いてOK

週末、運動会が あるのですが 参加できますか？

せっかくの運動会、参加させてあげたいよね。「こんな様子だったら参加していいよ」「前日にもう一度診察しましょう」など子どもの様子によって先生から返答があるはず。

仕事をあまり 休めなくて……

どういう状態になったら保育園に行かせてもいいのか、何日くらい休ませたほうがいいのかははっきり聞いておこう！

モヤモヤ解決ROOM

いろいろ聞きたかったのに ぜんぜん聞けなかった

「気になることがあって病院行ったのに……」「診察中に???って感じだったけれど……、うまく聞けずにそのままおうちに帰ってきちゃった」。こういうのはもったいない。せっかくの受診を子どもにもママパパにもよい時間にしたいよね！

すっきりさせて帰るための魔法のルール

○個質問して いいですか？

ここはダイレクトに聞いちゃおう。まわりくどく長くなっちゃうより、シンプルに簡潔に。「○個質問していいですか？」「全然治らないんです。けれどこのままで大丈夫ですか？」「解熱剤だけで大丈夫ですか？」「何の病気が考えられますか？」など。

夜間の救急外来では

夜間の救急に 連れてくるかどうかの 見分けが難しくて
（夜間救急の案内サイトなどを見せて） これ見て 来たんですけど
今後どういう サインが出たら、 夜間でも連れてくる 必要がありますか？

意を決して行った救急外来で「ここは救急の方が来る病院ですよ」と言われてしょんぼりしちゃうことも。それなら言われるより先に（ここ重要！）「見分けるのが難しかった」と伝えて経過表を見せて。最後に「これくらいなら明日の受診でもよかったですか？」と夜間救急に来るのはどんなときか教わっておこう。

コレ知ってて！

小児科での子どもへのNG声かけ

ママパパと同じように、子どもにとっても「病院＝嫌な場所」じゃなくて、「元気になるために頑張る場所」であってほしいよね。言葉でまだコミュニケーションがとれない赤ちゃんのうちから、ポジティブな声かけは伝わっているはず。

1
静かにしてないとぶっとい（太い）注射してもらうよ！

騒いでも暴れても、太い注射をすることはないから大丈夫！　なぜ騒いだり暴れたりしちゃうのか理由を聞いてあげよう。

2
今日は注射にしてもらおうかな～？

注射は悪いことをしたバツとしてするものじゃないからね。予防接種も採血も子どもが元気にすごすための味方！　治療や検査が「仲間」だと思えるような声かけをしよう。

3
先生、上手だから痛くないよ

注射はだれでもこわいし痛いよね。“痛いけれど頑張った”そんな経験になるよう子どもに説明して、一緒に頑張ろう。

4
ごめんね、ごめんね

気持ちはわかる!! でも予防接種も治療も悪いことではない！あやまるよりも応援してほめてあげよう。「よく頑張ったね」と声をかけてあげてほしいな。

コレ知ってて！

子どもの病気で大切なこと

「様子をみましょう」ってどういうこと？

① 子どもの病気は動いている

発症してから完治するまでの流れの中で、今どこの位置にいるのかが大事。病気の最初のほうの地点Aにいる時に受診すると「様子をみよう」ってなるけど、それは「大丈夫だよ！」という意味じゃなくて、「経過をみる」が必要ってことなの。

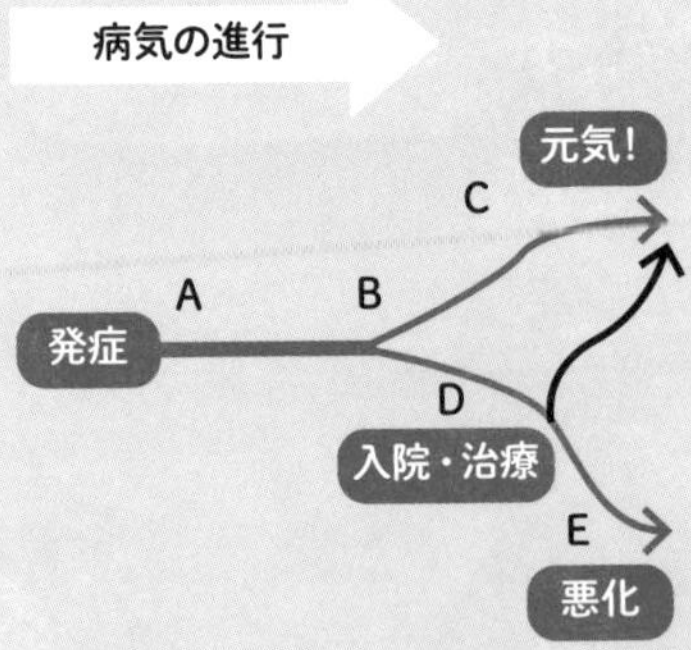

どの地点にいるのか、経過をみていくことが大切。どの地点であっても、「どんなサインに気を付けて様子をみるか」を聞いておくと安心だよ。

② 「風邪」って言われたら

「風邪なんだ、安心！」ではないよ。風邪にはいろんな病気が含まれているよ。RSウイルス感染症も手足口病もヒトメタニューモウイルス感染症も大きなグループでは風邪の仲間。病気の始まりの段階だと「風邪」かどうかわからないこともある。経過をみるのが大事ととらえて！

③ 症状には個人差がある

子どもの病気には特徴的な症状が出るものがあるけれど、人によってはその通りではないことも。例えば突発性発疹なのに「全然発疹がでなかった」という人もいるよ。どんな病気もその子によって違う。情報よりも目の前の子どもをよく見ようね。

小児科でできる検査

病気の診断には、検査結果を判断の材料に使うことも。大きな病院でないとできない検査もあるけれど、かかりつけ医でもできるものが。

小児科でできる検査の種類

小児科に行った時に、鼻やのどを綿棒でぬぐって検査することあるよね。それは迅速抗原検査と呼ばれるもの。ほかに血液検査や尿検査、レントゲン検査、超音波検査などができるクリニックもあるよ。症状や経過に合わせて先生が診察しながら選択していくのが一般的。だからこそ、おうちでの子どもの様子や情報はとっても大切になるよ。

検査の判断はすごく難しい

高熱があるからといって必ずインフルエンザウイルスの検査をするわけではないよね。「検査する・しない」の判断は状況によってさまざま。その後の治療や流行の状況から検査するか決めることもあるので、「検査する＝いい先生」というわけでもないの。

迅速抗原検査

簡単な検査キットで、すぐに結果がわかるもの。鼻やのどの粘膜、鼻水や便に病気の原因になるウイルスや細菌がいるかどうかを調べることができる。

血液検査

高熱が長く続いている時に重篤な感染症や病気になっていないかを調べるよ。WBC（白血球数）とCRP（炎症反応）の値がよく使われる。

レントゲン検査

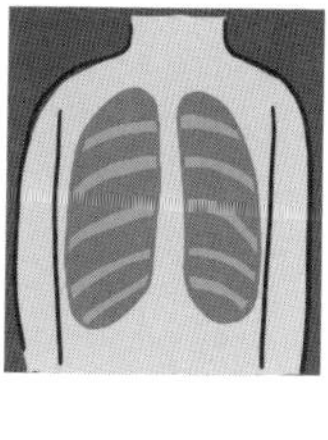

肺炎や誤飲の疑いがある時は行うこともあるよ。

小児科でよく行われる迅速抗原検査

小児科で迅速抗原検査をすることがある病気をまとめてみたよ。調べたい内容によって、検査する部位や方法は変わってくる。必ず検査が必要なわけでなく「調べることもできる」くらいに思っておいて。

※保険診療で決められた条件がある。

 鼻水・鼻で検査	RSウイルス感染症（▶P.110） A型・B型インフルエンザ（▶P.122） ヒトメタニューモウイルス（hMPV）（▶P.112） 新型コロナウイルス感染症（COVID-19）（▶P.124） 百日咳
 のどで検査	溶連菌《ようれんきん》感染症（▶P.132） アデノウイルス感染症（▶P.120） マイコプラズマ気管支炎・肺炎（▶P.134）
 結膜で検査	アデノウイルス感染症（▶P.120）
 糞便・直腸で検査	ノロウイルス感染症（▶P.126） ロタウイルス感染症（▶P.127） アデノウイルス感染症（▶P.120）
皮膚	単純ヘルペスウイルス

コレ知ってて！

検査する・しないはどう判断する？

検査でわかる病気だと思って受診したけれど「検査してもらえなかった」という声を聞きます。先生はいろいろな条件から検査しないと決めていると思うけれど、どんなことが基準になるかまとめてみたよ。

1 診察の所見から明らかにその疾患を診断できる

これまでの経過やおうちでの様子、診察所見から、確実に「インフルエンザですね」と診断できる場合は検査しないこともあるよ。

2 流行状況から確実に診断できる

インフルエンザなど同じ地域の子どもたちに同じ病気が流行している時期で、症状から診断可能な場合は、検査しないこともあるよ。

3 その病気ではないと診察で否定できる

疑わしい病気の症状が見られなくて「少なくとも溶連菌感染症ではないね」などと否定できるならあえて検査しないこともあるよ。

4 結果によって治療の方法が変わらない

例えば、RSウイルス感染症など、年齢や症状の出方によっては検査しないこともあるよ。

コレ心配だよね

Q「検査しないんですか」って言ってもいい？

A もちろん気になったら聞いてみて。先生が「しない」と判断した理由を話してくれるはず。

Column

1

かかりつけ医はあったほうがいい？

かかりつけ医、私はいたほうがいいと思います。ママパパにとって居心地がよくて安心できるかかりつけ医ができると、病気の時だけでなく子育て全般で心強い存在に！

- 家から近くてアクセスがいい
- 通いやすい
- 小児科の専門医がいる
- 質問がしやすい雰囲気
- 診断や説明がわかりやすい
- 看護師や受付の人が親切
- 必要な時にほかの医療機関を紹介してくれる

△ 大人や家族の診察、相談も受け入れてもらえる

△ 熱のある患者と待合室を分けるなど、院内感染予防がされている

かかりつけ医の決め方

ママ友情報やネットの口コミも参考になるけれど、自分が実際に通ってみてどう感じるかが一番大事。人それぞれかかりつけ医に求めることも違うから、ママ友にとっていい病院が自分にも合うとは限らないよね。合う合わないはもちろんあるけれど、1回だけだとわからないので2、3回は通ってみてほしいな。

通ってみたけれど「この病院、やっぱり嫌かも……」と思うこともあるよね。かかりつけ医を変えるのはダメじゃないけれど、「嫌だな」と思う理由を振り返ると誤解なことも。

1 理由を考えてみよう

どういうところが嫌だと思うのかな？「質問しても聞いてもらえない」「話がかみあわない」「こわいオーラが出てる」「怒られた」などいろんな理由があるよね。そこから自分がかかりつけ医に求めることもわかるかも。

2 残念な誤解をしていないか振り返ってみよう

「最初はこわそうだったけれど、話すと実はすごく気さくだった!」など、第一印象と全然違うこともあるよね。よいコミュニケーションをとるために事前に準備できることはして、言葉の引き出しを増やしながら受診しよう!　子どものために、時には強いママになることも大事だしね。

口べた？ 言葉少なめ？

多くを語らなくとも、子どものことを真剣に考えて診察してくれる先生もいる。

伝え方を失敗した?!

症状や経過についてうまく伝えられないことも。経過や質問は事前にまとめておくといいよ。

遠慮しすぎ？

はじめてのことはみんな不安！「こんなこと聞いていいのかなぁ」なんて思わず、どんな質問も大歓迎！

3 転院する時のポイント

やっぱり安心できない、合わないって時は転院するのももちろんOK。転院する時には、新しい先生にこれまでの情報を伝えよう。

治療途中の病気は

どんな診断で、どんな治療をしているのか経過を伝えようね。

ホームページをチェック

スムーズに受診できるように、予約制なのかなど、受診の仕方が出ていたら見ておくと安心。

コミュニケーション

これが一番大切。コミュニケーションをとりながらお互いを知っていこう。

Column
2

いつもと違う小児科にかかるとき

かかりつけの小児科がお休みだったり、帰省先で体調を崩してしまったり、もしくはかかりつけの病院を転院したり、いつもと違う小児科を受診することがあるよね。はじめての場合は、以下のことを事前に確認し、伝えておこう。

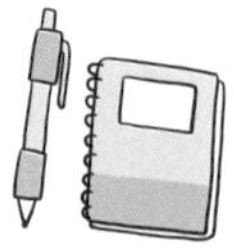

事前に電話などで確認しておくこと

- 予約が必要か？
- 症状によって診察時間が違うか？（例：発熱など）
- 事前の問診（WEB 問診など）はあるか？
- 持って行くものは？

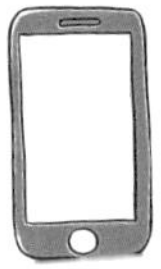

事前に伝えておくこと

指定された時間まで待てそうにない

病院に連絡をした後に子どもの状態が悪化してしまい、指定された時間まで待てそうにないなら、もう一度連絡してね。その時に、どんな様子を見て「待てない」と思っているか簡潔に理由を話そう。

子どもの状態が悪い

子どもがかなりしんどそう、急いで診てもらったほうがよさそうだと思ったら、病院に遠慮なく伝えて。診察時間を調整したり、救急対応の病院を紹介したり、対応できることがあるはず。

特定の病気の感染リスクの有無など

家族やまわりのお友達、保育園で、特定の病気の感染症にかかった人がいる時は、感染の可能性があると伝えておいて。

Chapter 2

よくある症状の観察ポイント

子どもに急な症状が出たら「どう対応したらいい?」
「病院はどうしたらいい?」
と心配になるよね。
おうちで判断する時に役立つように、
小児科側の立場として、どんなサインを見てほしいか、
受診の目安など、知っておいてほしいことをまとめてみたよ。

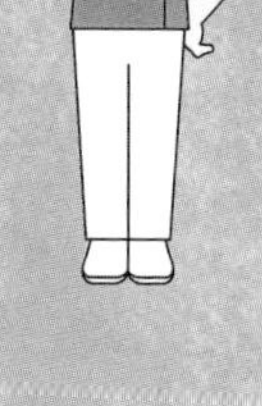

受診する？しない？え?!救急？

ムクッ
ゲエッ
わぁっ ゆうくん どうしたの?!
ママ、ゆうくん体が熱い気がするんだけど
ええ〜熱があるのかな？
あらら。熱があるね
あっちでTVみてー
えっ
ケロッ
水分補給したら熱下がるかも。パパ、飲ませてみて
わかった
ピッ
ママ！また吐いた！

えーっ！
夜間救急に連れていったほうがいいのかな？
でも見た感じ元気そうだし
ばぁばに電話してみよう
プルル…
もしもし
そんなに何度も吐いているなら、今すぐ病院に行ったほうがいいんじゃない
今すぐ救急？
朝まで待つ？
これくらいで救急なんてやりすぎ？
受診するしないって迷うよね
次のページから症状別に受診の目安を教えるよ！

発熱

子どもがまだ小さいうちは、熱が出るとそれだけでびっくりしちゃうよね。
どんなときに病院に行ったほうがいいか知っておいてね。

熱がある≠病院に行く

「熱が高い！　どうしよう！」と慌ててしまうと思うけれど、熱の高さと病気の重さは必ずしも一致するわけではないよ。だから、「熱がある＝すぐに病院に行かなきゃ」とは思わなくて大丈夫。体温計の数字よりも、大事なのは目の前の子どもの様子。「いつも」と比べながら、よく観察してみてね。

受診は子どもの「見た目」で判断

元気がない、ぐったりしていて顔色が悪い、咳がひどくて苦しそうなど見るからに「いつもと違う」時は、受診したほうがいい状態。受診する時には、体温や症状、ケアについてまとめた経過表やメモを持って行くと、診断の助けになる（→P27・48）。

熱がある子の観察ポイント

いつから熱がある？
ぐったりしているか顔色は？
水分や食欲（母乳やミルク）は？
熱以外の症状は出ていないか
けいれんした？
呼びかけた時に、反応があるか

▶けいれんがある場合はP.82へ

こんなときはすぐに受診！

呼びかけても反応がにぶい

熱が高くなるとぼんやりしたり、眠っている時間が多くなったりするよ。けれど、反応や様子が「おかしいな」と思う時は意識障害が出ている可能性を疑って！

ぐったりしていて顔色が悪い

「ぐったり」がどんな状態かというと、全然笑顔が出ない、普段好きなおもちゃにも反応を示さない、ずっとゴロゴロしているなど。

3～4日間、熱が続いている

まあまあ元気そうにすごしていても、丸3日間高い熱が続くようなら何か病気が隠れているのかも。一度受診して確認しておこう。

ママパパが何か変と感じる時

「なんだかいつもと様子が違う」。「なんだが気になる」。そんなママパパのカンは当たることが多い！「いつもと違う」はとっても大切な情報。自信をもって先生に伝えてね。

けいれんした

子どもは発熱にともなってけいれんすることがある。慌てちゃうけれど、落ち着いて(対処法は→P.82)。

母乳やミルクが飲めない

離乳食や食事は無理に食べなくて大丈夫！水分がまったく飲めない、ミルクや母乳が飲めず、だんだん元気がなくなる時は、全身状態を診てもらうためにも受診しようね。

熱以外の症状がひどい

咳がひどくて苦しそうで夜も眠れない、嘔吐が止まらないなど、ほかの症状がひどい時は受診して。

★生後3カ月までの赤ちゃんが発熱

まだ体が未熟な時期でもあるし、重篤な感染症が隠れている場合も。38.0℃以上であれば、夜や休日でも受診を考えて。

こんなときは様子をみてから受診

- いつもの半分くらいは食べられる
- 好きなものや水分は摂ることができる
- まあまあ元気がある
- おうちで遊べている

おうちでのケアは、P.44を参考にしてみて。翌日が休日、連休など、この後悪化した時に病院に行くのが難しい場合は、これから様子が変わることも考えて早めに受診しても。

熱がある時のおうちケアのポイント

子どもが発熱した時、「経過をみる」ことはとっても大事。体温や症状の変化を記録した経過表を付けておくと、状態が悪くなって受診する時も役立つよ。

経過をしっかり観察して

子どもが発熱した時に大事なのは、経過をみること。熱が上がるのか下がるのか、元気や食欲はどうか。ほかの症状は変化しているかなど、そのあたりを気にかけて観察してね。熱の数字だけでなく、そこそこ元気もあって、いつもの半分くらいは食べられて水分も摂れていたら、様子をみてから受診を決めても。

「おうちでゆっくり休む」も治療

「熱が高い＝重病」ではなく、熱の高さと病気の重さは必ず一致するわけではないよ。また、病院に行ったり薬を飲んだりするだけが治療ではなく、おうちで様子をみながら、ゆっくり休むことも立派な治療だからね。

1 解熱剤は子どもの様子で決めてOK

解熱剤を使って一時的に熱を下げても、病気が治るわけではなくて、効果が切ればまた熱は上がってくるよ。解熱剤は子どもが熱に負けそうな時の「お助けマン」だと思ってね。子どもに安心して使える解熱剤はアセトアミノフェン。「カロナール®」「アルピニー®」「アンヒバ®」などがあるよ。

こんなときは使うのもアリ

- 38～38.5℃以上熱があって苦しそう
- 熱が高くて眠れていない
- 水分があまり摂れていない
- ずっとグズグズして機嫌が悪い

解熱剤を使う時のポイント

- 粉と坐薬の2種類があるけれど、効きは変わらないので使いやすいほうで。吐き気がある時は坐薬、下痢をしている時は粉薬がいいかも。
- 0.5 ～ 1℃くらい下がれば十分効いているよ。1回使ったら5 ～ 6時間は間隔をあけてね。
- 熱の経過をみながら、熱の上がり始めよりも、上がりきってから使ったほうが有効だよ。
- 生後6カ月未満の赤ちゃんは原則使わないよ。

②

気持ちよさそうなら冷やしてあげてもOK

熱の上がり始めは手足が冷たく寒がることもあるので温かくしてあげて。逆に熱が上がりきって手足や体中のどこもがカンカンに熱いって時は1枚脱がせて薄着にしたり、嫌がらなければ冷やしてあげてもいいよ。あくまでも本人が気持ちよくすごせるのが一番だから、「熱があるから必ず冷やさなきゃ」て思わなくていいよ。

気を付けて

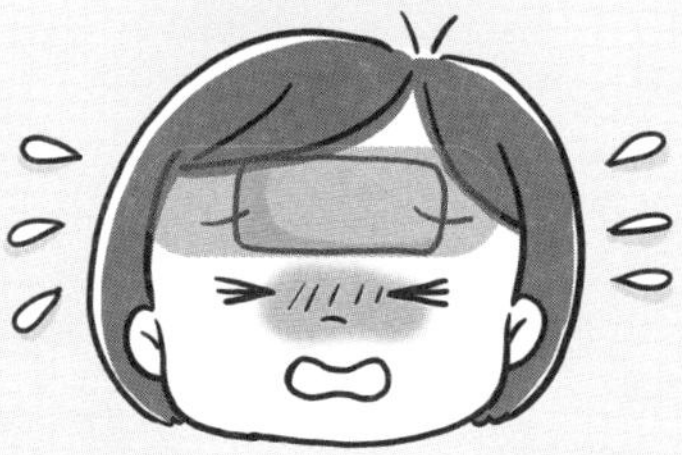

冷却シートをおでこにはる時は、窒息に注意!!　シートがずれて鼻や口を覆ってしまう危険があるので、寝る時や子どもから目を離す時には使わないで!

冷やす場所は

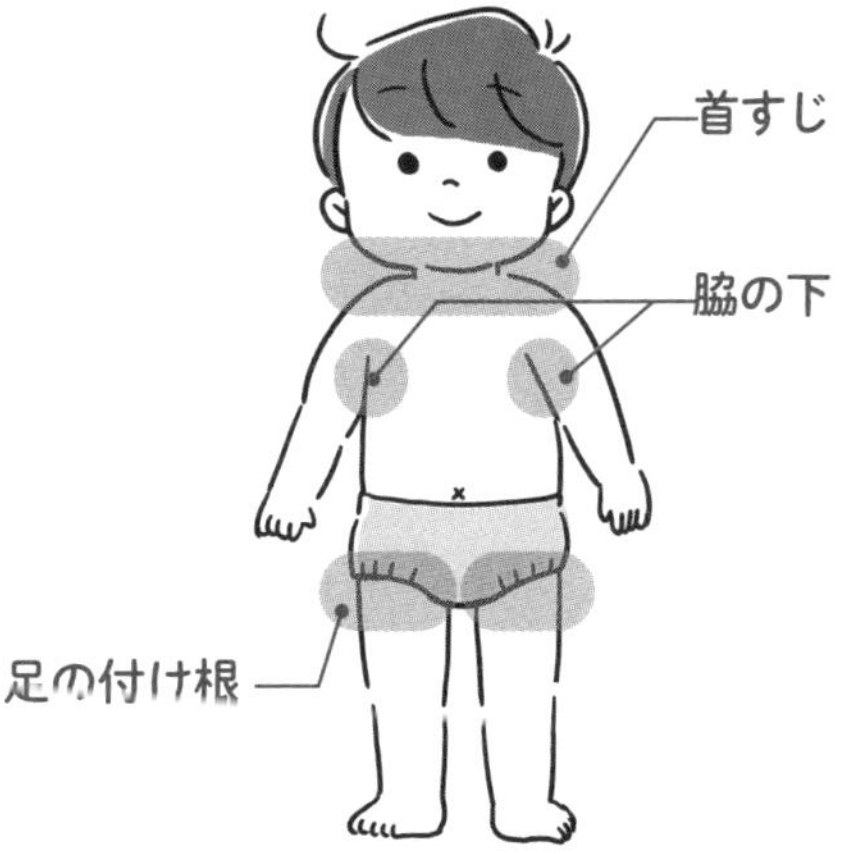

3

熱の測り方のポイント

おうちで経過をみる時にも1日3回くらい体温を測って、グラフにしておこう（→P.27、48）。受診の時、先生に見せてね。とっても役立つ!

1 脇の汗を拭く

耳や首は環境に左右されやすいので、脇で測ろうね。汗をかいている時はタオルで拭きとってからにしてね。

2 食後や入浴後、眠い時は避ける

食後、入浴後、眠い時は一時的に体温が上がるので、落ち着いた状態の時に検温するようにして。

3 体温が高い時には30分後にもう1回

特に様子が変わらないのに急に体温が上がることも。赤ちゃんの体温は環境に影響されやすいので、30分後に、もう一度測り直そう。

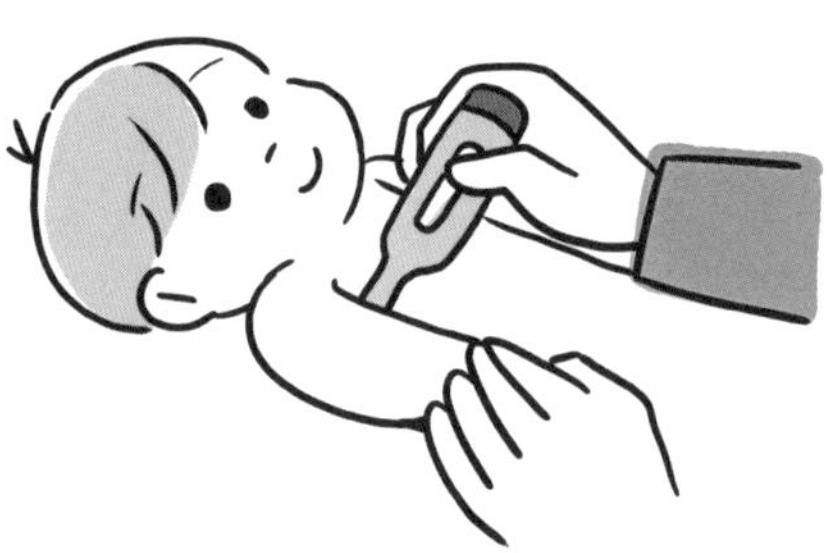

4

そのほか気を付けること

1回の数字に一喜一憂せず、経過と子どもの様子を見ていこうね。

1 朝一時的に下がって夕方からまた上がることが多い

子どもは、朝いったん37度台くらいに下がり、また昼過ぎから上がってくることがよくあるよ。「36台にしっかり下がる＋丸1日下がったまま」を回復の目安にしてね。

2 37.5℃以上ならおふろはお休みでもOK

37.5℃以上なら無理して入らなくてもOK。汗をたくさんかいているようならお湯でしぼった濡れタオルで体を拭くか、シャワーで流すくらいで。

3 食事はおなかにやさしいものに

熱が出ても食欲がまったく変わらずエビフライが食べられたりする子もいるけれど、基本的に油ぽいものや揚げものは控えて。おなかにやさしいメニューにしたほうが胃腸に負担がかかりにくいよ。

4 水分はこまめに摂る

体内の水分を汗に変えることで、体は熱を下げようとしている。水分はこまめに摂るようにしてね。水分をいつも通りに摂れることが、元気があるかどうかの目安にもなるよ。

5 離乳食はお休みでもOK

離乳を進めている赤ちゃんだったら、熱がある間はお休みにするか、一段階戻すくらいでも。絶対食べちゃダメではないので、本人が食べられそうだったらいつも通りでいいよ。

6 エアコンは上手に使おうね

熱がある時は子どもがすごしやすく、病気と闘いやすい環境を整えてあげたい。エアコンも上手に使って快適な室温、湿度を保とう! 直接風が当たらないように気を付けて。

お熱の経過表　なまえ（　　　　　）

QRコードでダウンロードできるよ。

日にち	/ （ ）			/ （ ）			/ （ ）			/ （ ）			/ （ ）			/ （ ）			/ （ ）		
	朝	昼	夜	朝	昼	夜	朝	昼	夜	朝	昼	夜	朝	昼	夜	朝	昼	夜	朝	昼	夜
40.0																					
39.0																					
38.0																					
37.0																					
36.0																					
症状 メモ																					

●コピー、または右上のQRコードからダウンロードしてお使いください。

モヤモヤ解決ROOM

子どもがすごい高熱！脳は大丈夫？

高い熱が出て、辛そうな子どもを見ていると「早く下げてあげなきゃ」と思うよね。でも「熱」は悪者ではありません！　そもそも熱は、体がウイルスなど病原体から体を守るための大切な防御反応。子ども自身が「熱」を出して闘っているのです。

脳の病気とは

脳炎、脳症を起こす代表的なものは、インフルエンザ脳症や髄膜炎などがあります。これは熱が高いから起こるものではなく、病気そのものによって起こる病気です。

熱が高い≠脳に影響

高い熱そのものは脳にダメージを与えることはありません。40℃まで熱が出たから重症というわけでもないし、38℃だから軽症でもありません。

薬は解熱剤だけ？抗生物質は不要？

発熱しか症状がない時は、病院を受診して出されるのは解熱剤だけということも。「こんなに高い熱なのに抗生物質は飲まなくていいの？」と心配する声をよく聞くけれど、ママパパと一緒に、安心できるおうちでゆっくり休むことも大切な治療の1つ。そうして体力を蓄えることで病気と闘うことができます。抗生物質（≒抗菌薬）は熱が出たから、高熱だから、飲む薬ではないよ(→P.184)。

咳

どんな咳か、いつからひどいかなど、観察ポイントで原因が診断できることもあるよ。

咳は体の防御反応

そもそも咳は、体の中に入ってきた病原体を気道から追い出そうとする立派な防御反応なんだよ。ただ、呼吸に密接に関係するものだから、時には緊急性の高いサインの場合も。どんなときに急いで受診をしたほうがいいか知っておいてね。

呼吸の様子や音をよく観察

気を付けたいサインは、とにかく呼吸をするのが苦しそうだったり、呼吸や咳がいつもは聞かないような音になったりする時。ＲＳウイルス感染症（↓Ｐ110）など重症化が心配な病気や、クループ症候群（↓Ｐ114）やぜんそく（↓Ｐ152）など呼吸困難につながる病気も。どんな呼吸なのか、どんな音の咳かスマホで録画・録音しておくと診断に役立つよ。

咳が続いている子の観察ポイント

呼吸の音がいつもと違っていないか
苦しそうかどうか
ゴホッ
ゴホッ
ゴホッ
いつもの呼吸より速くないか呼吸の仕方は？
どんな呼吸をしている？（服をめくっておなかや胸を見てみよう）
どんなときに、いつ咳がひどい？

こんなときはすぐに受診！

とにかく見た目が苦しそう

呼吸が苦しそう、咳がひどくて眠れない、食事や水分を摂るのも難しいなど、ママパパから見て「苦しそう」と感じたら受診を。「見た目」で判断するのが大事だよ。

ゼイゼイ、ヒューヒュー

ヒューヒュー、ゼイゼイして、ぜんそくみたいになっていると、空気の通り道が狭くなり、苦しくなって眠れないよ。

寝かせると苦しそうで いつもより呼吸が速い

寝た姿勢で呼吸がしにくいのは呼吸が苦しいサインだよ。「30秒で○回」など、いつもの呼吸の回数を知っておくと、どのくらい呼吸が速くなっているかがわかるよ。

上の症状を確認しながら、元気だった子が「急に咳込みだして止まらない」場合は、誤飲やアレルギーも疑うよ。

誤飲▶P.78　アレルギー▶P.90

呼吸の仕方がいつもと違う

特に自分で「苦しい」って言えない赤ちゃんは、服をめくった時のおなかと胸の動きに要注意！

小鼻がヒクヒクしている
肩で呼吸
首の筋肉が目立つ
息を吸う時に、鎖骨の上や肋骨の下がくぼむ

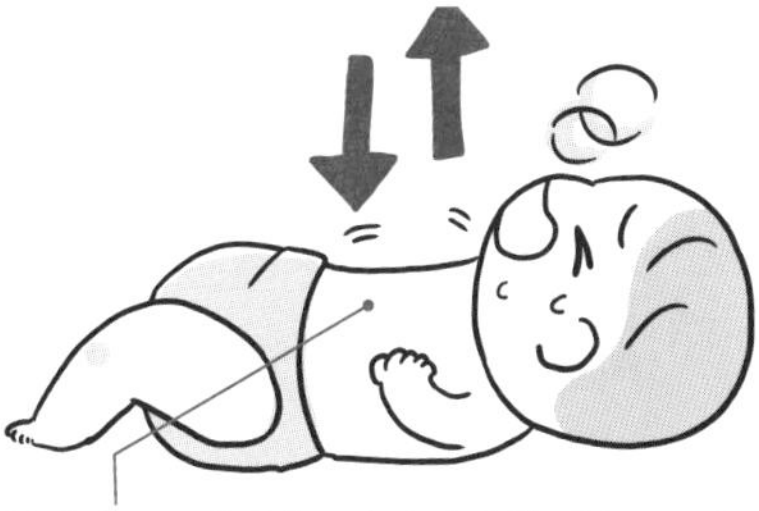

服をめくってみると、おなかと胸が上下に動いて、ペコペコしてる

こんなときは様子をみてから受診

- 食事の量、元気のよさがいつも通り
- 横になって眠れている
- 熱はない
- 日中、機嫌よく遊べている

咳は出ているけれど、日常生活がいつも通りに送れているなら焦らなくて大丈夫。ただ1週間以上咳が続く時は、一度受診しておいたほうが安心だよ。

咳が続く時のおうちケアのポイント

咳が激しくなると、親も子どもも夜中眠れなくなってしまうことも……。咳込みすぎて吐いてしまう「咳上げ嘔吐」も子どもは多いよね。少しでも楽にすごすためのおうちケアを試してみて。

1 水分を摂らせて痰《たん》を出しやすくする

痰がからんで咳が出ている時は、水分を摂ることで痰が出やすくなるよ。背中をトントンしてあげるのもいいかも。咳上げ嘔吐で痰が出てすっきりして、その後よく眠れることも。心配になるけれど、「咳上げ嘔吐」自体はそこまで悪い症状ではないよ。

2 辛そうだったら上体を起こす

咳の原因にもよるけれど、姿勢を変えると寝やすくなることも。クッションや枕、丸めたバスタオルなどを使って上半身を少し起こしてみて。抱っこのような少し上体が起きている姿勢も、咳が楽になりやすいよ（窒息事故に注意）。

3 鼻水がたまっていたら吸い取る

鼻水がのどに下りて咳が出ることがあるよ。特に自分で鼻をかむのが難しい赤ちゃんは、鼻水の吸引にチャレンジしてみて。吸引しても出てこない時は、あまり無理せずに。

4 乾燥しないように加湿する

乾燥すると咳が出るのは大人でもよくあるよね。特に冬は空気が乾燥しているし、暖房で部屋を温めると湿度が下がりがち。加湿器や、寝室に洗濯物を干して湿度をアップさせて。

モヤモヤ解決ROOM

1回よくなりかけたのに、また咳が出始めた

「咳がぜんぜん治らない」「よくなったのにまた出たきた」などは、小児科ではよくある光景。どんなことが考えられるか。

1 咳の症状をともなう病気はいっぱいある

咳が続く原因になる病気は、風邪や気管支炎のほか、RSウイルス感染症（→P.110)、百日咳、ヒトメタニューモウイルス→P.112）などたくさん。治りかけたところでまた別の病気にかかってダラダラ続くことも！

2 薬の種類によっては効き目が遅いこともある

「咳が出る」原因によって、薬の種類が変わる。 先生に「なんで咳が続くか」を聞いてみると安心できるかも。ゆっくり効いてくる薬もあるよ。

3 鼻に原因がある可能性も

鼻、耳、のどはつながっているから、鼻炎や副鼻腔炎なども咳が続く原因になるよ。小児科でなかなか原因が見つからない時は、耳鼻科と一緒に診ていくこともある。まずは「治らない」って現状を伝えてね。

4 気管支に原因があることも

風邪をひいた時に呼吸がゼイゼイ、ヒューヒューしたことが3回以上あるならぜんそくの可能性も。風邪で気管が炎症を起こして、一時的にぜんそくみたいな症状が出ることもあるよ。

鼻水・鼻づまり

熱や咳など、ほかの症状はないけれどずっと続くことも。「鼻水だけで受診してもいいの?」と心配にせずに、気になる時は受診しよう。

たかが鼻水、されど鼻水

鼻水が出るのは、鼻の中に入ってきた病原体や異物を流し出すため。自分の体を守るための防御反応。「風邪をひいたのかな?」と心配していたら、ほかの症状は出ず、鼻水だけのこともあるけれど、子どもは、鼻水が耳に流れて中耳炎を起こすこともあるよね。鼻水だけでも気になる時は受診してね。

鼻水をすぐ止めるのは難しい

鼻水が出る原因は「風邪をひいている」、「ほこりや寒冷などの刺激」、「花粉などによってアレルギー性鼻炎が起きている」などが考えられる。原因によって治療も変わるので鼻水の出方をよく観察しようね。風邪の鼻水はなかなかピタっと止める薬はないので鼻をかんだり、吸引するのが大事だよ。

鼻水が出る子の観察ポイント

ほかの症状（咳や発熱など）はあるか
いつから鼻水が出続けているか
夜はすやすや眠れているか？
呼吸が苦しそうか
母乳やミルクは飲めているか
鼻水の色や粘り気、状態はどうか

こんなときは受診！

鼻水や鼻づまりが10日以上続いている

「10-Days Mark」という言葉があって、黄色や緑色のドロドロした鼻水が10日以上続く時は細菌性のことがあるといわれている。ほかに症状がなくて元気そうでも、ドロドロの鼻水が10日以上続くようだったら一度受診しておくと安心。

呼吸が苦しそう

鼻水や鼻づまりで苦しそう、呼吸しづらそうなときは、耳鼻科やかかりつけ医で診てもらおう。

鼻水がドロドロしていて、黄色や緑っぽい

黄色や緑っぽい鼻水は風邪の治りかけのこともあるよ。長く続く時は細菌感染が考えられて、副鼻腔炎や中耳炎が心配になってくるので、一度診てもらおうね。

鼻水以外にも発熱など心配な症状がある

いわゆる風邪の場合もあれば、ほかの病気のこともある。続いていれば受診してみようね。

しっかり眠れていない、母乳やミルクが飲めない

眠れない飲めない時は病院で相談してみよう。特に乳児は鼻呼吸なので、いつもの生活ができない時は受診して。

こんなときは様子をみてから受診

- 鼻水だけで、上記のような心配な症状がない

日中も元気にすごせていて、食事や睡眠もいつも通りとれているなら、しばらくは様子をみていて。さらっとした透明の鼻水でも、2週間以上続くならアレルギー性鼻炎の可能性も。受診して相談してみるといいかも。

鼻水・鼻づまりの時のおうちケアのポイント

空気が乾燥すると鼻づまりがおきやすくなるから、子どもがすごす部屋の湿度には注意。加湿器もうまく使って50～60%くらいに保って。鼻が詰まった時はおふろの蒸気を吸ったり、鼻のあたりに蒸しタオルをあてたりすると鼻が通りやすくなるよ。何度も鼻をかんだり、拭いたりしていると鼻のまわりの皮膚が荒れやすいから保湿は欠かさずに。

吸引の姿勢

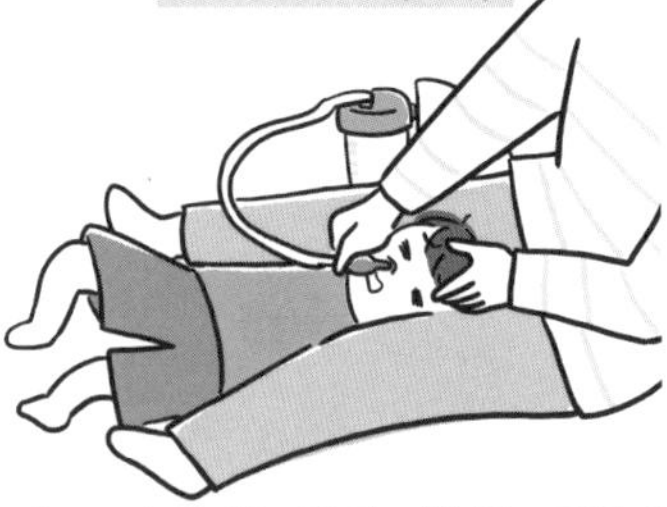

ちょっと大きい子で、嫌がって動き回ってしまう場合は、頭と腕を大人の脚の間に挟んで固定する。

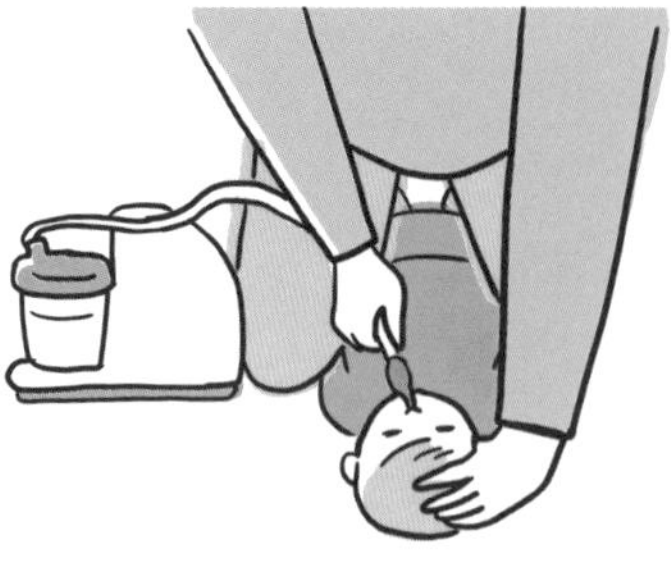

赤ちゃんと向かい合わせの状態で大人の両膝に肩を挟み、片手で頭を押さえながら吸う。頭と手をしっかり固定できれば抱っこしながらでもOK。

鼻水を吸引してあげよう

子どもがまだ鼻をうまくかめず、たまって苦しそうな時は吸引器を使って鼻水を吸い出してあげて。鼻水ってどんどん出てくるものなので、おうちでもケアすると中耳炎や副鼻腔炎になるリスクを軽減できる。ただ、うまく吸い込めない時、子どもが嫌がる時は無理しないで。吸引のやり方を見直してみるのもいいよ。

吸引のコツ

1. 鼻の穴にノズルを入れる時は斜め上向きに
2. 鼻の穴に入れたらノズルの角度は軽く水平に
3. ノズルを少しずつ上下に動かしてみる
4. ノズルを動かして鼻水を吸い込みやすいポイントを探す
5. あまり吸い込めない時は無理せずにやめる

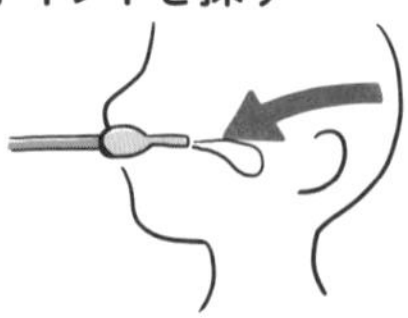

モヤモヤ解決ROOM

耳鼻科？小児科？どっちがいいの？

「鼻水以外の症状がない時は小児科ではなく耳鼻科を受診したほうがいい?」とよくママパパから聞かれます。どちらでないとダメ!というものではなく、子どもが小さいうちは小児科と耳鼻科で連携していくことが大切だよ。

小児科とは？

子どもに関する病気やさまざまな症状の専門家なので、全体を診るよ。耳、鼻、のどだけでなく、呼吸の音も確認しながら風邪以外の原因も探るよ。最近は耳や鼻の中も診る小児科が増えている。

耳鼻科とは？

耳、鼻、のど、気管の専門家で、診察室には耳や鼻の奥まで見えるカメラもあるよ。耳垢で耳の奥が見えない時も耳垢を掃除して対応できる。繰り返す中耳炎や重症な中耳炎、副鼻腔炎（ちくのう症）などのの専門的治療も可能。

連携が一番！迷う時は先に小児科でいいよ

大事なことは小児科と耳鼻科とで連携していくこと。どちらでも行きやすいほうからでいいけれど、決められない時は子どもの全体を診る小児科からがいいかも。先生によって、考え方や方針があるから、かかりつけの小児科や近隣の耳鼻科で使い分けの目安を聞いておいても。

どちらでも診ることができます

小児科でも耳鼻科でも、同じように鼻水や鼻づまりの症状を診て、原因を診断することができます。違いは「どう診るか」。小児科は全体を診て、耳鼻科は鼻、耳、のどを中心に診る。結果的に同じ診断になることもあるよ。

嘔吐

子どもが吐いた時、まずはその事実で思考がストップしちゃうよね。たいへんだけれど、吐いたものを観察をしてもらえると受診の時に役立つよ。

子どもの見た目を重視

子どもは口から胃の形や動きが大人よりも未熟なので吐きやすいです。病気でなくても吐いちゃうことがあるし、「嘔吐＝必ず病気＝受診」というわけでもありません。まずは吐いたものを観察して、その後の子どもの様子もみよう。吐いた後も元気か、水分が摂れているかなどが受診の目安になるよ。

吐く原因はさまざま

子どもが吐く原因は本当にいろいろ。ウイルス性胃腸炎（ノロウイルス感染症（→P126）、ロタウイルス感染症（→P127）など）、細菌性腸炎、食中毒（→P128）などもあれば、単なる飲みすぎや食べすぎ、咳が出すぎて吐くことも。腸重積（→P130）など重大な原因が隠れていることもあるので、気になる時はためらわずに受診を。

嘔吐した子の観察ポイント

どんなタイミングで吐いた？きっかけは？

元気は？ぐったり感は？

いつから？何回くらい吐いている？

家族に同じ症状の人がいないか

下痢、腹痛などは？血便は？

吐いたものの色や形状は？

透明→胃液
黄色〜黄緑色→胃液もなくなり胆汁のようなものを吐いている

こんなときはすぐに受診！

元気がなくぐったりしている

元気がなくて顔色が悪いなら病院へ。嘔吐はいろいろな病気のサイン。見た目を重視して。

吐き気が止まらず、水分が摂れていない

繰り返し吐いている状態が半日以上続くようなら、脱水や低血糖など嘔吐の原因も心配なので、受診しよう。

毎日1、2回嘔吐する

回数が多くなくても毎日繰り返すのは、何か病気が隠れている可能性が。水分や食事が摂れていても平日の昼間にかかりつけ医に診てもらったほうが安心。

24時間以内に頭をぶつけている

頭をぶつけた直後に何もなくても、症状は遅れて出てくることもあるよ。繰り返し吐く時は受診してね。

食中毒の疑いがある

食生活の同じ人が、同時期に同じ症状が出たら食中毒も疑うよ。とっても大事な情報だから小児科でも伝えてね。

吐いたものが黄緑～緑色

何度も繰り返し吐いていると、胃の中が空っぽになって胃液から黄色～緑色っぽい胆汁を吐くように。ここまで来るとおうちでは体調が戻りづらくなるので病院でみてもらおう。

こんなときは様子をみてから受診

- 上記のような心配な症状はなく、 1、2回吐いたけれど元気にすごしている
- 食事はいつもより少ないが水分は摂れている

食べすぎ、飲みすぎということも。数回吐いただけで治ってしまう病気もあるので様子をみてて。

コレ知ってて！

吐いた時のおうちケアのポイント

嘔吐後はおうちケアがとっても大事！ 病院に連れていくタイミングや、水分・食事の与え方、そして吐いたもののお片付けなど、考えること、やることがいっぱい。看病を頑張るママパパにも感染しないようなおうちケアをしたいね。

1 いつ、何回、どんなものを吐いたかメモする

受診をする時に聞かれるよ。回数、色や内容（食べたものか、胃液だけなのか）など。診察でとっても大切な情報だよ。

2 水分や食事の摂らせ方

嘔吐の回数が多い時は最初は水分から。糖分と塩分が両方含まれていて、体に吸収されやすい経口補水液がおすすめ。飲ませ方は次ページを参照してね。食事は炭水化物主体で消化のよいおかゆ、うどん、野菜スープを少量から。赤ちゃんの場合、母乳はいつも通りに、ミルクはやや少なめから始めてみて。

3 吐物の処理の仕方

まず手袋とマスクで自分を防御。新聞紙かボロ布をかぶせて外側から中心に向かって拭き取る。その後、次亜塩素酸ナトリウムの消毒液（右記参照）でさらに拭き取る。拭き取った際に出たゴミは、ビニール袋にしっかり入れて捨てようね。

★ 吐物処理の消毒液の作り方

次亜塩素酸ナトリウムの原液にはミルトン®やハイター®があるよ。それぞれ濃度が違うので水で薄める時の量に注意しようね。

例）ハイターは原液濃度5%
500mlのペットボトルの水＋ハイター：ペットボトルのキャップ2杯（10ml）
※ミルトンは原液濃度1%なので、ミルトンのキャップ2杯（50ml）が目安。

モヤモヤ解決ROOM

脱水が心配。でも水分をあげると吐いちゃう

吐き始めると脱水が心配！　でも、吐いた直後は胃が動いていて、すぐに水分を飲ませると、それが刺激になってまた吐いてしまうことが。脱水の予防には「何を、どうやって飲ませるか」がとっても大切だよ。

1　すぐに脱水になるわけではない

1回の嘔吐でいきなり脱水になることはないよ。嘔吐を繰り返す時はすぐ水分をあげるより、いったんおなかを休めてあげることが大事。

2　水分を与えるなら何がいい？

お茶や水では体に吸収されにくく、嘔吐や下痢で出てしまって予防になりにくい。塩分、糖分が含まれている経口補水液は体に吸収されやすいのでおすすめ。経口補水液の味が苦手な子は、りんごジュースや具の入っていない薄めたお味噌汁でも。

3　水分の与え方

嘔吐した後の水分補給のポイントは「少量ずつ頻回に」。

POINT 1　嘔吐が落ち着いてから飲ませる

最後に吐いてから30分〜1時間くらい待って、胃が落ち着いてからスタートする。

POINT 2　少量ずつ飲ませる

最初はペットボトルのキャップ1杯分から。たくさん飲みたがっても我慢して少量からに。

POINT 3　少しずつ増やす

時間を空けながら、チビチビ飲ませるよ。少しずつ量を増やして様子をみてみよう。半日くらいOKなら、おかゆ、うどんなどからスタート。

こんなときは受診！

●全然飲みたがらない　●飲んでもすぐ吐く
●ぐったりしていて顔色が悪い　●ずっとおうちでゴロゴロしている

下痢

おなかの調子が悪い時って何度もおむつを交換したり、トイレに行ったり落ち着かないよね。受診の目安を知っておくと、判断しやすくなるよ。

下痢の程度を観察して

下痢になる原因は、ウイルス性胃腸炎などさまざま。まず観察してほしいのは、24時間のうち何回下痢をしているか。赤ちゃんは、おむつ交換をした回数を数えておこう。下痢の量や状態もチェックして受診の時に伝えてね。

家庭内感染に注意

下痢の場合、ウイルスや菌が便の中にいるので、おむつ交換や衣類の洗濯の時は気を付けて。それが口に入ると家庭内感染が起きるので手洗い（アルコール消毒ではなく流水で）は徹底するようにしてね！

症状が下痢だけで、食欲もあって元気なら、まずはおうちで様子を見てみよう。

下痢の子の観察ポイント

いつから
どのくらいの
頻度で
出ているか
元気があるか、
ぐったりして
いるか
血便は
出ているか
熱や嘔吐は
ある？
家族に
同じ症状の人が
いないか
どんな下痢？
□シャビシャビ
□シャーシャー
□ドロドロ

こんなときはすぐに受診！

元気がなくぐったりしている

下痢をしたのは数回だけでも、明らかにいつもと違ってぐったりしている時は受診を。回数よりも見た目やママパパの「なんか変」を大切にしてね。

家族に同じ症状の人がいる

同じものを食べた人たちが同じ症状を出すと食中毒になっている場合もあるので、医師に相談を。

乳糖不耐症とは？

水様性の下痢が1週間以上続くと、ミルクの中の乳糖が分解できなくなり、下痢を悪化させることがある。

▼

専用のミルクに変更したり薬もあるので、小児科に相談してね。

発熱や嘔吐をともなっている

嘔吐、発熱などほかに気になる症状がある場合は、ウイルス性胃腸炎など、病気のこともあるよ。

血便が出ている

血便は緊急性の高い病気もあるよ。出血の原因や腸のどのあたりから出血しているかで診断が違ってくる。便を写真に撮って医師に見せよう。

水様便が
１日６回以上出る

水様便(シャビシャビ、シャーシャー)が何度も大量に出る時は、脱水症状が心配。早めに受診してね。

こんなときは様子をみてから受診

- 症状は下痢だけで、元気
- 食事は少ないけれど水分は摂れている

下痢の時のおむつ交換のポイント

1. 感染予防のためにマスクと手袋を着用、おむつはビニール袋に入れて破棄。手洗いも流水でしっかりしようね！
2. おしりが赤くなっていたら、空の食器用洗剤のボトルなどにぬるま湯を入れて、拭くより洗い流してあげよう。

腹痛

表現がつたない子が「おなかいたーい!」と言い出した時、どのあたりがどう痛いのか聞き出すのが難しいよね。ママパパの観察が大事に。

病気のサインを受け取ろう

腹痛をともなう病気は本当にたくさんある。多いのは便秘やウイルス性胃腸炎ですが、便秘で泣き叫ぶほど痛いこともあるよ。腸重積や虫垂炎など緊急性の高い病気を見分けるために、子どもの様子を観察しようね。

うんちチェックが大事

そのため、子どもの「おなか痛い」で、まずやってほしいのがうんちチェック。毎日スムーズにうんちは出ていて便秘ではないのに腹痛が続くようなら、ほかの病気のサインかもしれないよね。おうちでのうんちの様子を知ることができるのはママパパだけなので、「おなか痛い」と言い出したら最近のうんちの様子をメモしておこうね。「精神的な腹痛」と決めるのは一番最後でいいもんね。

おなかが痛い子の観察ポイント

うんちは何色？血便はある？
いつから痛い？ずっと痛い？時々痛い？波がある？
嘔吐や下痢はともなっている？
どのくらい痛い？
□うずくまるくらい痛い
□痛くて眠れないくらい
□冷汗が出るくらい
□聞くと「痛い」と答えるくらい
ほかの症状はない？
足やおしりに発疹はある？そけい部に腫れがある？
うんちチェック
■毎日つるっと出ている
■出すのに時間がかかっている
■痛がったり、肛門が切れている
■コロコロしたうんちが出ている

こんなときはすぐに受診！

突然の腹痛で間欠的に激しく泣く

間欠的に機嫌が悪くなったり、痛みを訴えて激しく泣いたりするのは、緊急性が高い腸重積の可能性が。「急に泣く」と「ぐったり」を繰り返す時は要注意だよ！

血便がたくさん出る

便秘でも肛門の入り口が切れて血便が出ることもある。でも、緊急性の高い病気もあるので、血便の量が多い、繰り返す時は写真を撮って受診しよう。

何度も吐いている

腹痛をともなう胃腸炎は、嘔吐から始まることもある。繰り返し吐く時は脱水なども心配なので受診して。

ぐったりしている、顔色が悪い

嘔吐や血便はなくても「顔色が悪くてぐったりしている」と受診したのをきっかけに腸重積（→P.130）が見つかる例も。腹痛以外の症状がなくても、様子が変と思ったら受診して。

発疹や腫れをともなっている

腹痛や関節痛などがあって、足やおしりに赤い発疹（紫斑）が出ている場合は、IgA血管炎という病気の可能性が。

思い当たるケガや事故がある

遊んでいる時などに腹部をぶつけたせいで体の中に損傷が起きて、おなかが痛くなることがあるよ。

腹痛はわかりにくいし、病気の始まりは、典型的な症状が出ない時もあるよ。

こんなときは様子をみてから受診

- 上記に当てはまる症状がない
- 食欲はいつも通り
- うんち、おしっこはいつも通り出ている
- あまり痛そうではない

何かに夢中になったりしていると痛みを感じない、おなかの痛み以外は普通の生活ができているようなら、少なくとも痛みはそんなに強くないはず。ただし長く続いているようなら、一度かかりつけ医で相談してね。

発疹

発疹が広がって、かゆみや痛みがあるとすぐになんとかしてあげたいよね。感染性やアレルギー性のものなどがあるので、見極めが肝心に。

発疹が出る病気はとても多い

はしかや水ぼうそう（↓P136）、風疹など、発疹と聞くと「うつる、うつす病気」というイメージがあります。子どもは手足口病（↓P116）や溶連菌感染症（↓P132）など、よくある感染症でも発疹が出る病気によくかかります。時には「名前のつかないウイルス感染による発疹かな？」というものも。

原因が大事

皮膚に原因があるのか、体の中に原因があるのかなど含めて、発疹が出ている原因を小児科では考えていくよ。ただのあせもということもあれば、入院するような病気もある。だから、全身の観察はとっても大事！

発疹はすぐ消えちゃう時もあるので、ぜひ写真を撮っておこうね。診察でとっても役立つよ。

発疹が起きている子どもの観察ポイント

どこに出ている？全身？局所？
ずっと出ている？消えたり出たりしている？
どんな発疹？何色？
熱やほかの症状はある？
かゆみはある？
いつから？

こんなときは受診！

人にうつすかも

水ぼうそうなどは知らないと人にうつしちゃうかもしれない。発疹だけなのか、ほかに症状があるかなど診てもらって、登園できるか判断してもらおうね。

かゆみがある

じんましんなどのかゆみをともなうものは、眠れないし本人も辛いよね。かくとひどくなることもあるので、原因を考えながらかからない対策も一緒に考えようね。

経過が長い

何度も繰り返す、いつまでも治らない場合は、受診して原因や治療を考えていこうね。

入院する病気も

川崎病（→P.142）など入院が必要な病気もあるよ。ほかの症状もともなう時は受診しようね。

生活に制限がある発疹も

発疹が暗紫色で内出血のような状態（紫斑）だと、IgA血管炎という病気のことも。その場合は安静や入院が必要になるよ（腹痛や関節痛などの症状も出る）。発疹の色や状態も観察して受診しようね。

急に広がる発疹

熱はなく、食事の後に強いかゆみが出ている場合は、じんましんであることも。アレルギー性の場合はアナフィラキシーが心配なので、呼吸が苦しそう、急に咳をする腹痛や嘔吐などの症状もあったら、ためらわず救急車を呼んで。→P.90参照

こんなときは様子をみてから受診

- 発疹以外に症状がない
- おむつかぶれ、あせも

発疹の原因はさまざま。左のような様子なら急ぐ必要はないけれど、人にうつすものもあるので、何の発疹かは診てもらっておくと安心だよ。

発疹のおうちケアのポイント

じんましんなどかゆみのある発疹のおうちケアは、少しでもかゆみをやわらげてあげることが大切だよ。

① 冷やすとかゆみがおさえられる

かゆみが強い時は、部屋を涼しくしたり、かゆいところに保冷剤などをあてて冷やしたりすると、かゆみが少しやわらぐよ。

② 爪は短く切る

かきすぎると傷になって、そこから菌が入ってとびひになるおそれが。傷を作らないためにも、爪は短く切っておいて。

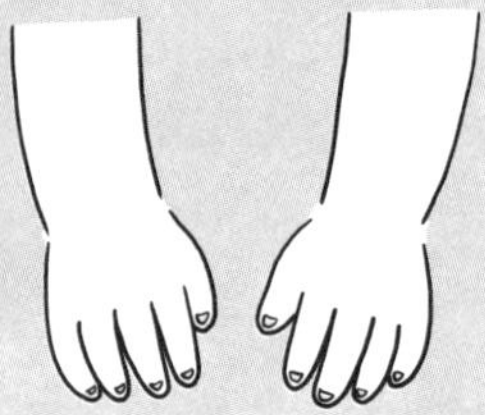

③ おふろは短め、またはシャワーに

体が温まって血行がよくなるとかゆみが強くなりやすい。おふろに入った後にかゆくなっちゃうこともあるので、湯船につかる時間は短めに。

④ 清潔を保ち、保湿ケアを

とびひを起こさないためにも、汗をかいたら洗い流して肌の表面は清潔に。肌のバリア機能を保つためにも保湿ケアを忘れずに。入浴後は保湿剤でケアしよう。

Column

3

人にうつす発疹・うつさない発疹

同じように見える発疹も、人にうつるものと、うつらないものがあるよ。うつるものは家庭内で感染することもあるし、園や地域で流行っていると子どもがかかることも。知らずに感染を広げることがないように気を付けよう。

	接触によって感染する	空気感染、飛沫感染、糞口感染（※）
人にうつす発疹	水ぼうそう ▶P.136 水いぼ ▶P.154 とびひ ▶P.155	麻しん、水ぼうそう ▶P.136 ── 空気感染 りんご病（伝染性紅斑）▶P.140 手足口病 ▶P.116 ヘルパンギーナ ▶P.118 溶連菌感染症 ▶P.132
人にうつさない発疹	突発性発疹 ▶P.108 川崎病 ▶P.142 じんましん ▶P.150 あせも ▶P.175	

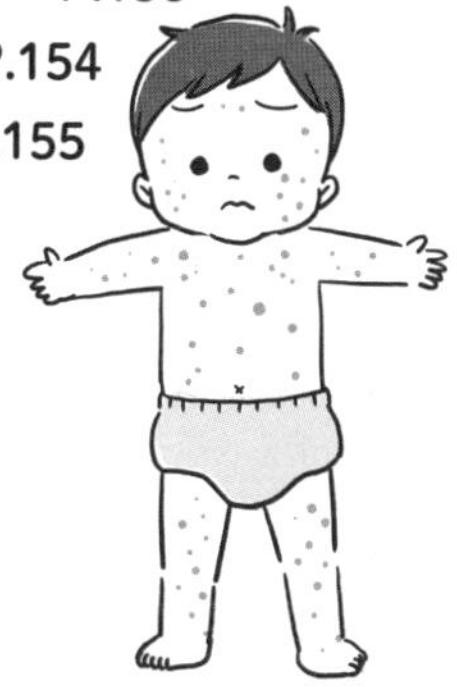

※糞口感染:病原体のある便に触れ、それが口から体内に入ることによる感染。

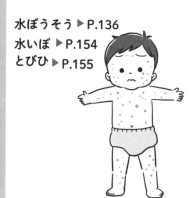

Column
4

いつから登園・登校できる？

「学校保健安全法」という法律をもとにして、登園・登校再開時には医師の診断がいるかどうかなど細かい基準が自治体ごとに決められているよ。

●医師に登園・登校再開の意見書を書いてもらうことが多い感染症

感染症名	感染しやすい期間	登園の目安
麻しん（はしか）	発症の1日前から発疹出現後の4日後まで	熱が下がってから3日経過している
インフルエンザ	症状がある期間（発症前24時間から解熱後3日くらいが最も感染力が強い）	発症した後5日経過して、熱が下がってから2日経過していること（乳幼児の場合は3日経過していること）
新型コロナウイルス感染症	発症2日前〜発症後7-10日程度	発症から5日間経過して、症状が軽快してから1日経過していること
風しん	発疹出現の7日前から7日後くらい	発疹が消えていること
水痘（水ぼうそう）	発疹出現1〜2日前からかさぶたができるまで	すべての発疹がかさぶたになっていること
流行性耳下腺炎（おたふくかぜ）	発症3日前から耳下腺が晴れはじめた後4日	耳下腺、顎下腺、舌下腺の腫れが現れてから5日経過して、全身状態がよくなっていること
咽頭結膜熱（プール熱）	発熱、充血などの症状が現れた数日間	発熱や充血など主な症状が消失してから2日経過していること
流行性角結膜炎（はやり目）	充血、目やになどの症状が現れた数日間	結膜炎の症状がなくなっていること
百日咳	抗菌薬を使用しない場合は咳が出るようになってから3週間経過するまで	特有の咳が出なくなっていること。または適正な抗菌薬による5日間の治療が終了していること

●医師の診断を受けて、保護者が登園・登校届を記入することが多い感染症

感染症名	感染しやすい期間	登園の目安
溶連菌感染症	抗菌薬治療を開始する前と開始してから1日間	抗菌薬を飲み始めて24〜48時間が経過していること
マイコプラズマ肺炎	抗菌薬治療を開始する前と開始してから数日間	発熱や激しい咳がおさまっていること
手足口病	手足や口の中に水疱・潰瘍が発症した数日間	発熱や口の中の水疱・潰瘍が落ち着いて、普段の食事が摂れること
りんご病（伝染性紅斑）	発疹が出現する前1週間	全身状態がいいこと
ウイルス性胃腸炎（ノロウイルス、ロタウイルス、アデノウイルスなど）	症状がある間と症状がなくなってから1週間（数週間はウイルスを排出しているので注意）	嘔吐、下痢などの症状がおさまって、普段の食事が摂れること
ヘルパンギーナ	急性期の数日間（便の中には1カ月程度ウイルスを排出しているので注意が必要）	発熱や口の中の水疱・潰瘍が落ち着いて、普段の食事が摂れること
RSウイルス感染症	呼吸器症状のある間	呼吸器症状がなくなって、全身状態がいいこと
突発性発疹	※はっきりわからない	熱が下がって機嫌がよく、全身状態がいいこと

出典：厚生労働省「2018年改訂版保育所における感染症対策ガイドライン」

モヤモヤ解決ROOM

先生に「風邪かな」「様子をみましょう」と言われたのに

「風邪かな？」と診断された中にはまだ何の病気かわからない段階であることが多いよね。風邪かどうかは経過をみながら最後にわかるもの。だから「風邪だから大丈夫」ではなく、経過をみていこうね。どんな病気も最初は「風邪かな」で始まることが多いし、受診のタイミングによっては病名が決められない段階のことも多いしね。

1　「風邪」って何？

風邪とは、「ウィルスによる上気道感染症」の総称。熱や鼻水、咳の症状が起きる細菌やウイルスは数限りなくあって、ウイルスだけでも数百種類。そして人は人生で150回以上風邪をひくといわれているよ。風邪はだいたい数日から1週間で治るけれど、小児科では風邪ではない別の病気も視野に入れて、いつも診察しているよ。

2　どんなふうに様子をみればいいの？

受診した時に「様子をみましょう」と言われたら、注意してみてほしいのは「熱の経過」「食欲や機嫌の変化」「ぐったりしていないか」など。診てもらった時より症状が悪化している、また改善していない時はもう一度受診してね。

3　風邪の薬は？

「風邪だね」と診断された時は、ウイルスが原因なことがほとんど。ウイルスには抗生物質（抗菌薬）が効かないので「風邪薬」というものはないと考えて。だから薬を何も出されずに終わることも。ただし、高熱に対しては解熱剤、咳には咳止め（去痰剤）、嘔吐には吐き気止めや整腸剤など症状に対する薬が出されることはあるよ。

4　おうちではどうすごす？

「風邪かな」＝「軽症」というわけではないので、熱やそのほかの症状の経過をみることが大切（→P.44）。ゆっくりと休息して、食事は消化にいいものを。「家でゆっくり休んで観察する」も立派な治療だよ。

Column

5

入園前にコレ準備しといて！

これから始まる新しい生活。子どもだけじゃなくママパパの生活も変わるよね。予想外のことは起きるけれど、入園後の生活が少しでもスムーズになるように、入園前にできることはやっておこう!

予防接種の打ち忘れチェック

入園後は体調をくずして思うように接種が進まないことも。集団生活で病気にもかかりやすくなるよ。今のうちに打てるものは打っておくのが大事だよ（→P.158）。

事故予防対策

これが一番大事！　園で新しい遊びを覚えてきて、できることが一気に増えるよ。ママパパも忙しくて目が届きにくくなるから、入園前に半年先の成長を先取りした対策が必須（→P.102）。

いざという時のお助け隊を確保

園からの急な呼び出しや病気でお休みする時に頼る先をあらかじめ見つけておこう。有料サービスなどを使う場合は、実際に使う前に見学や申し込みをしておき、家族内でのシミュレーションもしておいて。

食物アレルギーのチェックと対応相談

なんとなく「アレルギーかも？」と思っている食材は、先に小児科に相談しておこうね。食物アレルギーがある子は、給食の時やいざという時の対応も園と話しておいて。

気になることは今のうちに相談

発達などで気になることがあれば入園前に小児科に相談しておいて。必要なら小児科で言われたことを園にも報告を。少しの不安もない状態で入園の日を迎えよう。

「入園させる」という覚悟も持っておこう。最初のうちは「こんなはずじゃなかった」「早すぎたのかも」と悩むこともあるかもしれないけれど、子どもも親も慣れてくるよ

chapter 3

これ迷うことなく緊急事態です！

子どものケガや事故などが急に起こったら、気が動転しちゃうよね。
一番大切なことは、まずはママパパが落ち着くこと。
でもこれってなかなか難しい。
ちょっとした知識をもっておくことで、焦らずに対応できたら、
子どももきっと安心できるよ！

頭を打った！で、どうすればいいの？

しんちゃん大丈夫？
ザワ
子供がおちた
ザワ
うわあああんっ
血は出てないみたいだけど
たんこぶできてるかな？
たんこぶでも頭をぶつけたなら受診したほうがいい？
冷やすだけでいい？
夜中にいきなり具合が悪くなることもある？！
わあぁん
子どもがケガしたり事故にあった時病院はどうする？
おうちでどんなケアや観察したらいいかも含めて教えるねー

頭から落ちた

どこからどこに落ちたか、その直後の様子、そして今の様子をしっかり観察することが大切です。

まずはここを見て ▶ 泣いてる？ ▸▸▸意識、呼吸などがわかる！

顔色は？

嘔吐はしている？

会話はできる？

いつもと違う様子はある？どんな点が違う？

すぐに受診

- 繰り返し吐く
- 機嫌が異様に悪い
- いつもよりよく眠る、目が覚めない
- 出血が止まらない
- 会話はできるがつじつまが合わない
- 物が見えづらい、二重に見える
- 手足がしびれる
- 1m以上の高さからの落下

すぐに119番

- 反応がない、泣かない
- ぐったりしている
- けいれんしている
- 呼びかけに反応しない
- 耳から液が出ている
- 左右で手足の動きがおかしい
- 意識がない
- 交通事故

病院ではこれを聞いてこよう

- また連れてくるサインは？
- すぐに受診するサインは？
- おふろはOK？
- 日常生活の注意点

まずは親が落ち着こう！

歩くのが不安定な時期だったりすると、成長の過程で転んで頭をぶつけることもあるよね。まずは子どもを抱きしめて、子どもも自分も落ち着かせてあげて。「わーん！」と泣いていたら、意識はあって呼吸をしているから焦らずに。頭以外もぶつけたところがないか全身を観察していこうね。

ぶつけた時の状況が大切だよ

「今すぐ救急車！」という状況でなければ、「どこからどこへどんなふうに落ちた（ぶつけた）か」「（落ちた場合）高さはどのくらいか」「発見した時の子どもの状態」をチェックしてメモしておこう。受診した時には、おうちの人から状況を聞く問診がとても重要。現場の写真を撮影して見せるのもいいよ。

頭をぶつけた日のおうちでのすごし方は？

大きな傷がないようなら、保冷剤をガーゼでくるんで冷やしてあげて。冷やしすぎず15分くらいでいったんはずして。深く眠っている、意識がなくなっていないか、判断できない時はいったん起こして確認しよう。

たんこぶができたら大丈夫って本当？

たんこぶとは、頭の皮膚と骨の間にできた血腫のこと。「たんこぶができたら大事にはなってない」と時々言われるけど、100%安心なわけではないよ。様子の観察はしっかり続けてね。

出血したらどうしたらいい？

まずは清潔なガーゼやタオルで出血している場所をしっかり押さえて、そのまま血が止まるか確認してみよう(→P.93)。もし全然止まらずガーゼやタオルに血がしみてくるなら、しっかり押さえたまま病院へ。

どのくらいの時間、注意していればいい？

子どもの頭部打撲は遅れてサインが出てくることもあるよ。最初の2時間は子どもから離れずに変化がないか観察して。その後も24時間は何かあるかもしれないと思って気にかけておいて。

誤飲・誤嚥

生後5カ月を過ぎると赤ちゃんは何でも口に入れるよ。そうなると注意しないといけないのが誤飲！　命にかかわる事故につながらないように。

まずはここを見て

▼

飲んだものは今どこにある？

- 窒息している？
- むせている？
- 声がかすれている？
- 急な咳込みがある？

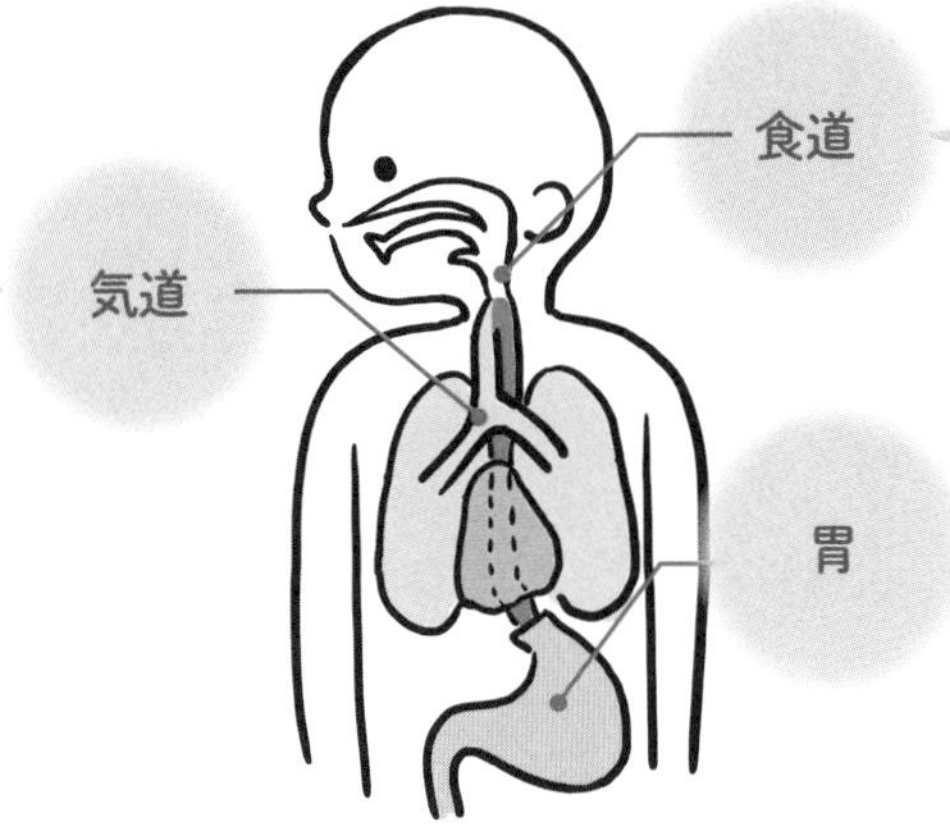

食道
気道
胃

- 痛がっている？
- 繰り返し吐いている？

- 直後は無症状が多い

窒息の可能性あり ▶ 異物除去法を行う+119番

赤ちゃんの場合

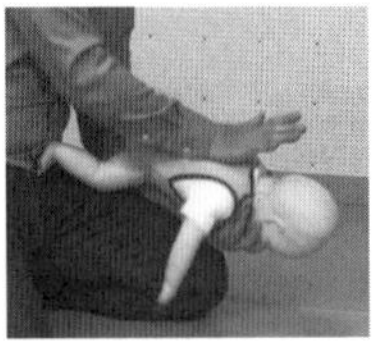

赤ちゃんをうつ伏せにして手に乗せ、左右の肩甲骨の間を5回叩く。出なければ仰向けにして2本の指で赤ちゃんの胸の真ん中に向けて5回押す。意識がなくなったら心臓マッサージにかえる。

命に関わることだから、1回は見ておいてね

幼児の場合

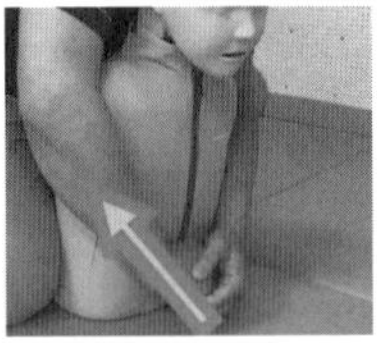

左右の肩甲骨の間を5回叩く、出なければおへそより少し上に拳を当て、手前上方に向かって圧迫するように突き上げる。意識がなくなったら心臓マッサージに変える。

困ったらここに連絡して

- かかりつけ医
- ＃8000（夜間休日）
- 大阪中毒110番（24時間対応）
  Tel.072-727-2499
- つくば中毒110番
  （24時間対応）
  Tel.029-852-9999

次にここを見て!

- いつ飲んだか
- 「何を」「どのくらい」の量飲んだのか？
- 機嫌はどうか？

	すぐに受診	すぐに119番
症状	・吐く、下痢、腹痛など胃腸症状がある	・突然せき込み始めた ・声がかすれている ・呼吸が苦しそう ・窒息している、顔色が悪い ・けいれんしている ・ぐったりして、意識がはっきりしない ・ゼーゼー、ヒューヒューした呼吸
飲んだもの	・ボタン電池 ・鋭利な異物（ヘアピン、針など） ・磁石 ・洗剤、芳香剤、防虫剤、漂白剤など ・たばこ ・薬 ・コインやおもちゃなど	・灯油、ベンジン ・除光液 ・農薬 ・殺虫剤 ・ネズミ駆除剤 無理に吐かせず、何も飲ませない

右上の症状がある場合は、すぐに119番!

家で様子をみる　・少量のインク、クレヨン、絵の具、ねんど、化粧品など

胃の中に入ってしまったら？

飲んだものを吐かせたほうがいいのかなと思うけれど、基本的には窒息以外は吐かせずに病院に連れて行って。

時間が勝負になるものもある

ボタン電池、特にリチウム電池は胃の中に入ると15分後から粘膜に炎症が起き始めるので、すぐに取り出してもらう必要がある。2つ以上の磁石は、食道や胃腸の壁を挟んでしまい、損傷することがあるので飲んだ量（個数）も重要。トイレ用洗浄剤などの化学製品、薬、たばこ（特に水にひたっているもの）は体に影響が大きいので、病院ですぐに対応する必要があるよ。

ここ大事

① 医師にこれ伝えて！

- いつ
- 何を
（あれば同じものを持って行こう）
- どれくらい
- 発見した時から今までの子どもの様子
- 行った対応（異物除去法など）

② 口にものを入れていたらおどろかせないで！

思わず大きな声を出しそうになるけれど、びっくりした瞬間に飲み込んでしまうことが。ぐっとこらえてそーっと近づき、やさしく口から取り出そう。

窒息に気を付ける食べもの

プチトマト、巨峰、さくらんぼ

表面がつるつるしていて丸いものを食べさせる時は、３歳までは4等分カットしてあげてね。口の中でつるっとすべって、のどにすっぽりはまってしまい、窒息する危険があるよ。

グミ、イカ、おもちなど

まだ奥歯が生えそろっていない年齢だと、うまくかみ切れずに丸飲みして、窒息につながる可能性が。かみ切るのが難しい食べものはやめておいたほうがいいよ。

ナッツ、節分の豆、枝豆など

ナッツ類、豆類は窒息だけでなく、誤嚥(食道ではなく気道に入ってしまうこと）も心配。兄や姉がいるおうちでは、兄姉が食べているのを横から食べないように注意を。5歳以下はやめてね。

海苔、パンなど

海苔は口の中で張り付いたり、かみ切るのが難しいので1歳までは刻み海苔にしよう。パンは丸飲みしたり、口に詰め込みすぎたり意外と危険。小さく切って、水分を摂りながら食べさせようね。

コレ心配だよね

誤飲後、何か飲ませてもいいですか？

異物を誤飲した時は「何も飲ませず無理に吐かせない」が基本。誤飲したものによっては、水分を飲ませることで悪い影響が出る場合もあるよ。窒息が疑われる時は、119番通報をしてから、少しでも空気の通り道を作るため、正しい除去法を行って。

病院に必ず持って行くべき異物は？

ボタン電池、鋭利な刃物、磁石などは同じものがあれば持参を。漂白剤や洗剤は種類がたくさんあって、成分も違う。中毒センターに電話をして緊急性が高いか確認を。受診の際は飲んだものを持参しよう。

けいれん

①まずは安全な場所へ寝かせて。②よーく観察しよう。
すぐにどうかなっちゃうわけではないので、落ち着いてね。

顔つきや
目の向きは？

左右対称?
片方だけ？

手足はどんな
動き？

全身に力が
ぎゅーっと
入っている？

けいれんを発見したら

▼

観察しやすく、のびのび動ける
安全な場所へ

▼

首まわりが窮屈ならゆるめる

▼

吐いたり窒息したりしないよう
顔を横に向ける

▼

時間を測る

余裕があれば動画を撮る

すぐに受診

- けいれんは止まったけれど、
はじめてのけいれん

5分続かなければ呼んではダメということではないよ。「けいれん→救急車」でもOK。ただし、5分以上続く時は必ず119番してね

すぐに119番

- 5分以上のけいれん
- けいれんは止まったけれど
意識がおかしい
- 1回止まっても、またけいれんする
（複数回のけいれんが起きる）

子どもに多い「熱性けいれん」

発熱することでけいれんを起こすのが「熱性けいれん」。生後6カ月〜5歳未満で、発熱すると10人に1人くらいの割合で起きる。一度けいれんを経験すると、次の発熱が心配になっちゃうけれど、熱性けいれんは半分以上の子が1回だけだよ。繰り返す子も、後遺症やその後の成長には影響せず、予後はいいです。

けいれんの原因は

「熱性けいれんだったね」はけいれんが止まってみて分かること。発見した時はまだ原因がわからないことが多いので、すぐ救急車を呼んでも間違いではないよ。

コレはNG

刺激を与える

心配になって大声で名前を呼んだり、激しく体をゆすったりしたくなるよね。けれど、けいれんの間は観察を続けるのみに。体を押さえて止めようとするのもやらないで。

口に割りばしや指を入れる

昔はけいれんすると舌をかんでしまう恐れがあるから、割りばしや指を入れていたけれど、今はやりません。割りばしを誤飲したり、指をかまれたりするほうが心配。

目を離す

吐いた時は窒息しないように顔を横に向けてほしいし、離れている間に様子が変わることもあるので、そばにいてね。

コレ心配だよね

けいれんするのがこわいから、とにかく熱を下げなきゃ

「熱が上がるとけいれんするから、解熱剤を使ってとにかく熱を下げなきゃっ」て言う人もいます。解熱剤は熱性けいれんの予防には効果がなく、あくまでも熱の苦痛を和らげる薬。子どもの様子で使用するかを決めようね。

※解熱剤使用後の熱の再上昇による熱性けいれん誘発のエビデンスはない。

やけどした

やけどは最初の対応がとっても大切！ びっくりして焦るけれど、子どもの様子をよくみてね。大切なことはやけどの範囲(広さ)と深さだよ。

- 範囲の目安（乳幼児）
  - 胸・おなかで体の20%
  - 腕、脚各1本はそれぞれ体の10%

10%以上は危険

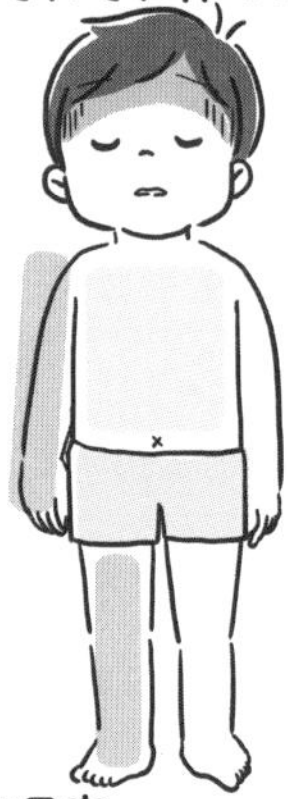

まずはここを見て

顔色は？
呼吸はしている？
意識はある？
場所は？範囲は？
深さは？

- 深さの目安

Ⅰ度	表面が赤い
Ⅱ度	痛みが強い水疱
Ⅲ度	白っぽい、こげ黒い

Ⅲ度は危険

すぐに受診

- 手や足の指のやけど
- 性器（おちんちん、おまた）のやけど
- 痛みが強い
- 水疱（水ぶくれ）ができているやけど
- やけどの範囲が手のひら以上

つぶさないでね

すぐに119番

- 顔面やのどのやけど
- 範囲が広い→全身の10%以上（上図参照）
- 深い→皮膚の色が白く変化している（Ⅲ度・左上表参照）
- 全身状態が悪い（意識がない、呼吸が苦しそう、顔色が悪いなど）

基本は「冷やす」

一番最初にやるのは、すぐに冷やすこと。しっかり冷やすことでその後の経過が変わることもあるよ。最低20分はしっかり冷やしそう。水圧は強くしすぎないで。

NGも知っておいて

NGは、冷やす時に氷や保冷剤をそのまま直接皮膚にあてること。皮膚を傷つけるリスクがあるよ。

服の上からやけどした時は服をぬがすと皮膚がはがれることもあるので、服の上から流水をあててね。水ぶくれができている時は、受診するまではやぶらないようにガーゼでカバーしよう。

応急処置の3ポイント

冷やす

流水で最低20分は冷やすのが基本。耳や目など流水が難しい場所は清潔なタオルで包んだ保冷剤や冷たいタオルを。

観察する

十分に冷やしたら、皮膚の感覚はあるか、赤くなっているか、水ぶくれができているかなどを確認。

保護する

水ぶくれができている時は、受診前に破れないように、そっとワセリンを塗ったガーゼで覆っておくよ。

とにかく冷やせばいいの？

0歳代の小さな赤ちゃんは冷やしすぎると低体温の心配も。冷やしている時も意識の変化に気を付けようね。

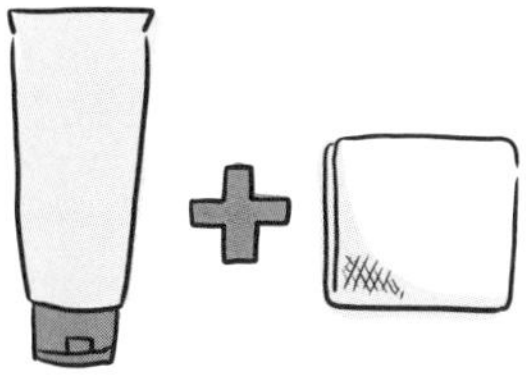

水ぶくれがつぶれたら？

つぶれてしまった時はワセリンをやさしく塗って、その上からガーゼで保護を。そのまま受診して。

おぼれた

プール や川など外で起きると思いがちだけれど、**乳幼児の水の事故は家の中で起きることが多いの!** 今からできる対策は絶対やってね。

まずはここを見て

▶ 意識はある？呼吸してる？顔色は？

どこでおぼれた？

何分おぼれた？

水は飲んでいる？

呼吸はいつも通り？

咳やむせこみはある？

機嫌は悪い？

救急車が来るまでの応急処置

1 助けを呼ぶ

119番の指示に従おう。AED準備。

2 気道を確保する

あお向けに寝かせて、片手でひたいを押し下げながら、もう片方の手であごを持ち上げる。

3 心臓マッサージを行う

胸骨圧迫と人工呼吸をしよう。1歳未満と1歳以上は方法が異なるので、わからない時はまわりに声かけして助けてもらおう。※地域の救命講習を積極的に受けておこう。

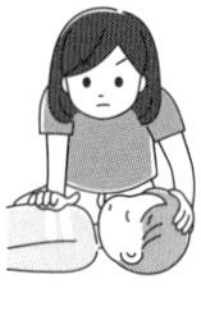

すぐに119番

- 意識がない
- 呼吸をしていない
  （呼吸が弱くなっている）
- 顔色が悪くぐったりしている

家で様子をみて

- 意識がある
- 正常に呼吸をしている

助け出した時に意識がはっきりしていても、水を飲みこんだ時に肺に入っている場合が。後から肺炎になることもあるので気になる症状が出てきたら受診を。

おふろは事故多発スポット

小さい子の水の事故が起こることが多い場所は「おふろ」。親が髪を洗い、子どもだけが浴槽にいて、親が先に出てバスタオルを取りに行った間に、親が着替えの準備中に子どもが浴槽に落ちて……など、「ほんの一瞬」の発生が本当に多い。溺水は数分でも脳に後遺症を残すことがあるので、絶対に油断しないで！　浴槽にお湯は残さずに抜くかドアにカギをかけるなどして、気づかないうちに事故が起きる可能性をなくしておいて。

水遊びではライフジャケットを

プールや海、川遊びで子どもが犠牲になる事故もやっぱり多いよね。浮き輪は体から離れてしまうこともあるので、水の中に入る時には、ライフジャケットを着用する習慣を付けておこう。

水の事故を防ぐポイント

首掛け式の乳幼児浮き輪（首浮き輪）に注意！

おふろの便利グッズで紹介されていることもあるけれど、留め具がはずれたり、ひっくり返って沈んだり、顔がふさがれたりする事故もある。1人にしてよいグッズではないよ。

「少ない水の量だから大丈夫」は間違い

2.5cmの深さでも子どもはおぼれます！「こんなに浅い子ども用プールだったらおぼれるはずないよね」と離れた時に事故が起こることも。水の近くに子どもをひとりにするのはダメ！

「きっと気づく！」は間違い

「おぼれてる時はバシャバシャ音がするはず」。そう思ってるママパパが多い。でもね、子どもは静かに沈んでいくんです。水のある場所では絶対に目を離さないで。

川の水を飲んだ時は受診が必要？

咳がなく、いつもと変わらなければ、急いで受診しなくてもいいよ。ただし、川や公園の水場はさまざまな菌がいるので、嘔吐、下痢、腹痛が出てきたら受診しよう。

熱中症

年々、熱中症になる危険も高まっています。体が小さい子どもは熱中症を起こしやすいので、気を付けて見てあげてね。何より予防が大切!

まずはここを見て ▶ 顔色は？元気は？ぐったり感は？

頭痛や吐き気は？

だるさはあるか

発熱しているか

水分はとれるいるか

汗はかいているか

手足のしびれは？

めまいや立ちくらみは？

意識はあるか

すぐに受診

- 水分が飲めない、少量しか飲めない
- 水分補給しても症状が改善しない
- 意識ははっきりしているけれど元気がない
- いまいち復活してこない

家で様子をみて

- 症状が改善
- 元気もいつも通り

熱中症が疑われる時は、まずはエアコンが効いている場所や日陰に移動。うちわであおぐ、霧吹きや濡れタオルなどで体温を下げます。水分が摂れるなら経口補水液で水分補給。そのまま症状が改善すればゆっくり休んで様子をみよう。

すぐに119番

熱中症が疑われる環境にいた

＋

- 体温が40℃以上
- 意識がない、あやしい
- けいれんしている
- ぐったりしている、顔色が悪い
- なんとなく様子がおかしい

熱中症も重篤な時は命にかかわるよ！　上記の状態にあてはまるものがあれば救急車を呼んで。救急本部に「熱中症疑い」と伝えて、救急車が到着するまでに何をするべきかも聞いて。

症状は進行する

子どもは自分の体調の変化に気づきにくいし、変化しても伝えるのが難しいよね。気づいた時は「ちょっとしんどそうかな？」くらいでも、だんだん症状が進行していくことがあるので、水分補給や体温を下げる対応をしながら観察は続けてね。「いつもと違うな」と思う状態が続くようなら、無理せずに受診して治療してもらったほうが安心。命にかかわることもあるからね。

湿度が高い日は室内も危険

気温がそこまで高くなくても湿度が高い時は室内でも熱中症になることが。また、子どもは背が低くて大人より地面に近いから照り返しが強かったりすると熱中症になりやすい！　だからこそ、大人が予防してあげることが大切だよ。

コレ心配だよね

水分はお茶や水ではダメですか？

日常生活の中でならお茶や水でもOK。また食事の時にお味噌汁などで塩分補給を。けれど、炎天下ですごす時に熱中症の症状が出始めているようなら経口補水液で塩分と糖分を補給して。

水分を十分摂らせていたら大丈夫？

熱中症の予防は、水分だけでなく涼しい環境での休息や冷やすことも重要。「水分を摂っているから大丈夫!」って油断は禁物だよ。

どれくらい水分を摂ったらいい？

熱中症予防の水分補給は、量よりも回数。そして量よりも質。何分おきって基準はないけれど「そろそろかな」と思ったら、のどがかわいていなくても水分補給をしてあげてね。

熱中症の予防これ大事

ママパパも、一緒に予防するのがとっても大事

1　早めの休息

まだ大丈夫って思っても、定期的に涼しい場所で休息を。

2　時間を決めて水分補給

のどがかわいていなくてもこまめに補給して。

3　異変に気づいたら即対応

少しでも様子が変と思ったらすぐに対応してね。

アレルギー

アレルギーでこわいのはアナフィラキシー。症状が急激に悪化するから、あやしい時は迷わず救急車を呼んでね。

まずはここを見て!

元気があるか
機嫌は？

目や白目は
どんな感じか

発疹は出ているか
体に赤みはあるか

吐いた？
下痢は？

呼吸は苦しそうか
ゼイゼイ、ヒュー
ヒューしている？

かかりつけ医を受診

- 赤み、じんましんがあるが広がっていない
- 元気がある
- 呼吸はいつも通り
- ほかに症状はない

すぐに119番

- ぐったり感が強くなってきた
- 呼吸が苦しそう、呼吸が速い
- ゼイゼイ、ヒューヒューした呼吸と咳が止まらない
- 顔色が悪い
- 症状がだんだんひどくなっている

時間とともに症状が進んでいる時は、アナフィラキシーの可能性大。ぐったりしている、顔色が悪い時は、寝かせて足を上げ、迷わず救急車を呼んで。急激に命にかかわる状態になることがあるよ。

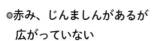

卵、乳、小麦、くるみに注意

アレルギーの原因や症状は本当にいろいろ。「上の子がやさしさで赤ちゃんにケーキを食べさせてあげたら乳製品アレルギーだった！」なんてことも。特にアレルギーが出やすいとされる卵、乳、小麦、そしてくるみなどの木の実類をはじめて食べる時は要注意（→P198）。乳幼児の食物アレルギーは、体内に入ってから2時間以内に症状が出ることが多いよ。

まずは小児科で診断を

今は食物アレルギーであっても、医師の指示のもとで安全に食べられる量は食べていくことが治療の基本だよ。そのためにも自己判断で対応せずしっかり診断して、対応を決めてもらうことが大事だよ。気になる時はぜひ小児科で相談してね。

アレルギー症状のチェックポイント

呼吸はどんな感じ？

- 急に咳や鼻水が出る
- 声がかすれる、声が出しづらそう
- ゼイゼイ、ヒューヒュー聞こえる

ゼイゼイがひどい、ぐったり感がある時は救急車も考えて。咳が止まらなくて、機嫌が悪い時にはすぐに受診したほうがいいよ。

食物アレルギーが疑われる時は、「何を、どれくらい食べて、何分後に、どんな症状が出たか」をメモしておくと診断に役立つよ

おなかはどんな症状？

- 吐く、下痢をする
- おなかが痛い　●血便が出る

胃腸の症状は出方も出るタイミングも個人差があるよ。はじめて食べたものがある日は気にかけて観察しておいてね。

皮膚・粘膜はどんな感じ？

- 口、目の周りの赤み　●かゆみ
- 腫れる　●じんましん　●白目がぶよぶよ

皮膚の症状は時間が経つと消えちゃうことも多いので、「あれ？」と思ったら写真を撮っておくと、診察の時に「こんな感じでした」と説明できて役立つよ。

そのほかどんな症状？

- ぐったりする　●顔色が悪い
- 機嫌が悪い

急にぐったりした、顔色が悪いと思った時はすぐに救急車を呼んで。

口はどんな症状？

- くちびるが腫れる　●口の中がかゆい
- のどがかゆい、イガイガする

食べてからどのくらいの時間で症状が出て、どんな出方をしているか、経過を観察。

腕が抜けた（肘内障《ちゅうないしょう》）

肘内障の整復は「絶対に○時間以内に」と明確に決まっていないけれど、痛みがあるので早めに受診できるといいよね。

まずはここを見て ▶ 片腕がだらんとしていて、自分では腕を動かそうとしない。バンザイができないなど。

機嫌はいいけどあやしい時は

- 肘《ひじ》を動かそうとしているかチェック
- 好きなおもちゃを高く上げて取ろうとするかチェック

病院で整復を

子どもの腕が抜けた?って思った時は、実は脱臼しかけて関節がはずれかかっている状態＝肘内障が疑われる。腕をちょっと引っ張った時や、乳児では寝返りした拍子に起きることが多いよ。腕を引っ張ったり動かしたりした瞬間に泣き出したら、あやしいと思ったほうがいいかも。

はずれかかっている肘を整復する（もとに戻す）必要があるので、自己流ではやらず病院に行ってね。まれに骨折していたりすることもあるので、夜間で病院が開いていない時は、＃8000などで受診の相談や対応方法を聞いてみよう。

指先は動くか
顔色は？痛そうにしているか
思いあたるエピソードがあるか
痛がっているかどんな時？
腫れていないか
腕以外に異常はないか

整形外科またはかかりつけ医を

すぐに受診

- 肘内障を疑うエピソードがある
- 動かすと痛そうにする、泣く

大量の出血

派手に転んだりぶつけたりした、何かで切ったなど、出血が多いケガの時、どう判断・対応したらいいかまとめてみたよ。

まずはここを見て

▼

顔色は？
傷の深さは？
出血している
場所は？
出血の量は？
止まりそうか

すぐに119番

- 交通事故にあった
- 大量の出血が止まらない
- 意識がない
- 顔色が悪く、元気がない

すぐに受診

- 傷が深い
- ぱっくり傷口が開いている
- 止まらない出血

救急車が来るまでの応急処置

直接圧迫止血法

1. 出血している部分に直接ガーゼやハンカチなどをあてる。
2. 強く押さえる。

押さえる人は
ビニール手袋やビニール袋
などで手を覆い直接触らないで

出血はまず止血が重要に

出血のあるケガの場合、処置で大切なのは感染防止と止血。血が止まりにくい時は、圧迫止血（右図）しながら心臓より高い位置へ。ガーゼに血があふれてくる時は、とりかえずに上に重ねてね。

すり傷や切り傷などのおうちケアはP194を参考にして。

Column

6

事故を防ごう

子どもが命を落とす原因なんて、目を背けたくなる話だよね。でも、みんなにすくすく元気に育ってほしいからこそ現実を知ってもらいたい。防げることはしっかり防いでいこう!

子どもの死因、上位は「不慮の事故」

子どもの死因を見ると、病気を含めた原因の中でも「不慮の事故」はかなり上位なの。1～4歳、5～9歳だと「悪性新生物（いわゆる小児がん）」の次が「不慮の事故」。病気で重症化するよりも、よほど件数が多いよ。

●令和3年の死因順位

	第1位	第2位	第3位	第4位	第5位
0歳	先天奇形変形、及び染色体異常	周産期に特異的な呼吸障害等	乳幼児突然死症候群	不慮の事故	胎児及び新生児 の出血性障害等
1～4歳	先天奇形変形、及び染色体異常	悪性新生物	不慮の事故	心疾患	周産期に発生した病態
5～9歳	悪性新生物	不慮の事故	先天奇形変形、及び染色体異常	そのほかの新生物(腫瘍) 心疾患	
10～14歳	自殺	悪性新生物	不慮の事故	先天奇形変形、及び染色体異常	心疾患

※人口動態調査上巻5-17 死因順位別にみた性・年齢（5歳階級）別死亡数・死亡率（人口10万対）及び割合を基に消費者庁で作成

0歳は「窒息」が圧倒的！

「不慮の事故」で亡くなる原因を年齢別に見てみると、0歳は「窒息」がとても多い。1歳では2位、2歳では3位におふろでの「溺水」が入っているのも注目してほしい。

●年齢別の詳細順位　1位～5位 （平成29年～令和3年）

	第1位	第2位	第3位	第4位	第5位
0歳	窒息（ベッド内）34%	窒息（胃内容物の誤えん）22%	窒息（詳細不明）7%	交通事故 7%	溺水（浴槽）7%
1歳	交通事故 22%	溺水（浴槽）20%	窒息（胃内容物の誤えん）11%	窒息（食物の誤えん）9%	窒息（ベッド内）7%
2歳	交通事故 47%	窒息（食物の誤えん）12%	溺水（浴槽）10%	窒息（胃内容物の誤えん）9%	転落（建物または建造物）5%
3歳	交通事故 38%	溺水（自然 水域）10%	煙、火災等 6%	自然災害 6%	転落（建物または建造物）6%

※人口動態調査下巻死亡第1表－1 死亡数、死因（三桁基本分類）・性・年齢（5歳階級）別（ICD-10コードV～Y、U）（W75～84 そのほかの不慮の窒息）を基に消費者庁で作成。

事故が起きる場所は「家庭内」

交通事故以外の事故発生場所を見てみると、0歳は90％近く、1～4歳は70％以上が「家庭」という結果に。交通事故にあうことが少ない0歳の死亡事故は、ほとんどが家庭内！

●年齢別の事故発生場所（平成29年～令和3年）

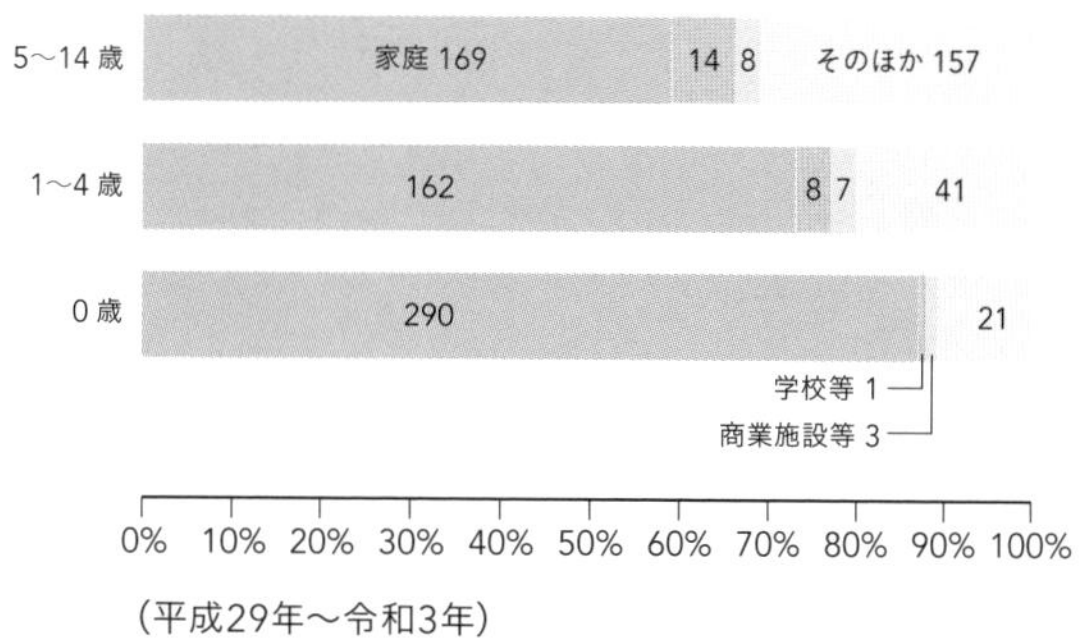
5～14歳
家庭 169
14
8
そのほか 157
1～4歳
162
8
7
41
0歳
290
21
学校等 1
商業施設等 3
0%
10%
20%
30%
40%
50%
60%
70%
80%
90%
100%
（平成29年～令和3年）

※人口動態調査第9表交通事故以外の不慮の事故（W00－X59）による死亡数、年齢（特定階級）・外因（三桁基本分類）・発生場所別を基に消費者庁で作成。家庭は居住施設を含む、商業施設等はスポーツ施設等を含む、そのほかは街路等、工業用地域、農場、詳細不明を含む。
出典：消費者庁消費者安全課『子どもの不慮の事故の発生傾向～厚生労働省「人口動態調査」より～』

小児科でもこんな受診が多いよ！

ベッドから落ちちゃって…

熱いお味噌汁がかかってしまった！

おふろに一瞬だけ落ちてしまった

家の階段から落っこちてしまって…

アドバイス＆まとめ

ヒヤッとするような小さな事故で病院に駆け込んだ時は、落ち込んでしまうよね。でも、取り返しがつかないような大きな事故を予防するいいチャンスと思って、すぐに予防策を実行して。

子どもの不慮の事故は何よりも予防が大切！　防ぐことができる事故は必ず防ごう。大切な子どもたちの命とママパパの明るい未来のためにも「これくらい大丈夫」は、子どもには危険。しっかり家の中をチェックしてほしい。

どこが「危険な場所」か見つけてみよう！

子どもとすごすおうちの中やおでかけ時の、いつもの風景の中に事故につながる危険がかくれているよ。探してみよう。そしてどういうふうに危険かも考えてみてね。イラストの下に回答があるよ。

リビング

子どもの手が届く1mまでの高さに飲み込んでしまう大きさのものが置いてある／机の角や家具のとがった部分にクッションカバーがついていない／紐が首に巻き付くブラインドがある／ソファーに寝返りガードがついていない／階段にガードがついていない／コンセント

何でもお口に入れちゃう時期は、たった一口が命にかかわることもあるよ。

台の高さ ＋ 手が届く範囲 ＝ 1歳→90cm 2歳→110cm 3歳→120cm

※1歳の場合、台の高さが50cmだと、台の手前から40cmのところにあるものにまで手が届く。

資料提供: NPO法人 Safe Kids Japan https://safekidsjapan.org/

おふろ

大人が洗顔、洗髪などで目を離している／子どもだけ浴槽に残っている／大人が見ていないところで首浮き輪を使用している／ 3.9cm以内の飲み込めるサイズのおもちゃがある

事故予防ポイント

- おふろでは、短時間でも子どもから目を離さないこと。洗顔や洗髪で目を離す時は声をかけ続けるか、子どもに歌を歌わせて異変に気づく工夫を。
- 浴槽がのぞける高さだと、頭が大きい子どもは浴槽内に転落する危険もある。

特に水のある場所は、どんなに近くにいても一瞬目を離したことが事故につながることも。おふろの後は残り湯を捨てるか、子どもが勝手に浴室に入らないよう扉上部にカギをかけてね。

食卓&キッチン

包丁や電気ケトルが子どもの手の届くところにある／はさみやフォークなどが入っている引き出しがあいている／冷蔵庫の扉にロックがかかっていない／食卓テーブルにはマット、クロスがかかっている／食卓テーブルに熱いものが置いてある

事故予防ポイント

- キッチンは子どもの手が届くところには危険なものを一切置かず、キッチンに入れないようにする対策が必要。
- 食卓テーブルのマットやテーブルクロスは、引っ張った時に上のものが倒れ、やけどの原因になるので要注意。

刃物や火を扱うキッチンは、やけどや切り傷、転落、誤飲などさまざまな事故が起きる可能性があるよ。食べている時も、お箸やフォークを口に入れたまま立ったり、跳ねたりさせないように!

寝室＆ベランダ

ベランダに出る窓にカギがかかっていない／子どもが上れて転落の危険があるものがベランダに置いてある／窒息の危険があるふわふわした寝具やクッションがある／大人のベッドで添い寝している／ファンヒーターにガードがない

事故予防ポイント

- 赤ちゃんと添い寝をすると、大人が赤ちゃんにおおいかぶさって窒息させる危険が。2歳ごろまでは赤ちゃんが寝入ったらベビーベッドに移動させるのが安心。
- ベランダや窓からの転落事故がないよう必ずカギをかけて。窓辺やベランダに子どもが上れるものは置かない。

寝室は「ぐっすり寝ていて見ていなかった」ではすまされない事故が起きやすい場所。ママパパにもゆっくりと眠ってほしいからこそ、事故につながらないように対策をしておいてほしい。

おでかけ時

短時間でも車内に子どもだけ残す／チャイルドシートのベルトがゆるんでいる／ひとりをチャイルドシートに乗せている間、ほかの子どもがウロウロしている／抱っこ紐の留め具がゆるんでいる／抱っこ紐での自転車運転

事故予防ポイント

- 短時間でも子どもをひとり車内に放置するのは絶対NG。
- 複数の子をチャイルドシートに乗せる時は、動ける子から先に乗せたほうが安全な場合も。
- 抱っこ紐をつけたまま自転車をこぐのは違反行為

「よく眠っているから」「連れて行くと泣いちゃうから」という一時的なやさしさが命にかかわる。何が起きるかわからないからこそ対策を。自転車に乗る時は、大人もヘルメットを着用してね。

事故予防で大事な4カ条

子どもたち、そしてママパパに悲しい思いをしてほしくないから。事故を予防するために覚えておいてほしい4カ条を伝えるね。「まさか」と思う時に事故は起きるもの。油断しがちなポイントを知っておこう！

1 子どもは朝できなかったことが夜できるようになる

それくらい子どもって急激に成長するもの。本来うれしいことである成長が残念な事故につながらないように「まだ大丈夫だろう」ではなく、半年くらい先取りした事故対策をしておいて。

2 「今日に限って」という時に事故は起きる

「いつもは気を付けているけれど、今日くらい大丈夫だろう」と油断した時、気がゆるんだ時こそ事故が起きているよ。予防や対策は家族みんなの習慣になるようにしよう。

3 「ダメ！」って言ってもやるのが子ども！

気になるものを見つけたら、いくら注意しても向かっていくのが子ども。大きな事故を防ぐには、口で何度も注意するよりも事故が起きにくい環境を作るほうが効果が高いよ。

4 ママパパだけが知っていても防げない

子どものお世話をおじいちゃんおばあちゃんなどまわりの人に頼むこともあるよね。子どもにかかわる人全員に事故を防止するための知識を伝えて、絶対に守ってもらうようにしよう。

安全なところで待っててね
泣いていても事故にあうよりはずっといいもんね
終わったらぎゅーっするね

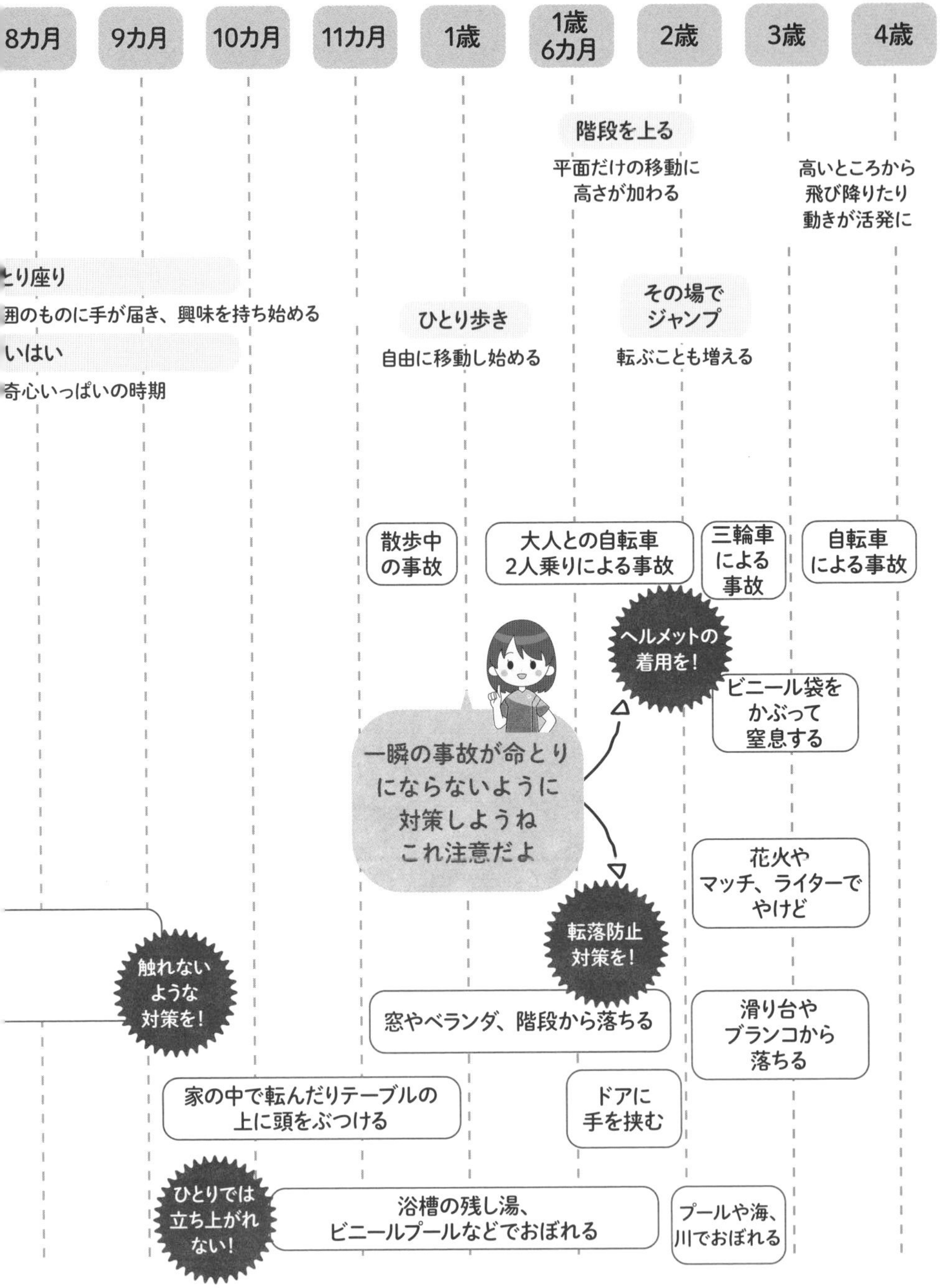
8カ月
9カ月
10カ月
11カ月
1歳
1歳 6カ月
2歳
3歳
4歳
階段を上る
平面だけの移動に 高さが加わる
高いところから 飛び降りたり 動きが活発に
とり座り
囲のものに手が届き、興味を持ち始める
いはい
奇心いっぱいの時期
ひとり歩き
自由に移動し始める
その場で ジャンプ
転ぶことも増える
散歩中 の事故
大人との自転車 2人乗りによる事故
三輪車 による 事故
自転車 による事故
ヘルメットの 着用を！
ビニール袋を かぶって 窒息する
一瞬の事故が命とり にならないように 対策しようね これ注意だよ
花火や マッチ、ライターで やけど
転落防止 対策を！
触れない ような 対策を！
窓やベランダ、階段から落ちる
滑り台や ブランコから 落ちる
ドアに 手を挟む
家の中で転んだりテーブルの 上に頭をぶつける
ひとりでは 立ち上がれ ない！
浴槽の残し湯、 ビニールプールなどでおぼれる
プールや海、 川でおぼれる

子どもの発達と事故例（始まる時期）

0カ月　3カ月　4カ月　5カ月　6カ月　7カ月

発達の目安

首すわり
特に柔らかい布団に注意が必要

寝返り
布団の周囲に移動が可能になる

ベビーベッドや
寝具などは妊娠
中にぜひ整えて

起こりやすい事故

交通事故

- チャイルドシート
未着用による事故や死亡
- 車内での熱中症

誤飲・窒息

- 枕・柔らかい
布団による
窒息死
（この時期の死因No.1!）
- よだれかけの紐などが
首にからまる
- たばこ、ボタンなど手に
するものは何でも口に入れてしまう

やけど

- 大人がうっかり熱い
飲みものをかけてしまう
- 熱いおふろに
入れてしまう
- 熱い飲みものに
手を入れてしまう
- ポット、アイロン、炊飯器、
ストーブ、ヒーターなどを
触ってやけど

転倒・転落

- 抱いていた赤ちゃんを
大人が落としてしまう
- ベッドやソファから
寝返りをして落ちる

水の事故

- 手を滑らせて
赤ちゃんをお湯の中に
落としてしまう

赤ちゃんのお世話を
する家族みんなで共
有しておこうね

※国民生活センター：「子どもの発達と起こりやすい事故」（『国民生活』2012年10月）より

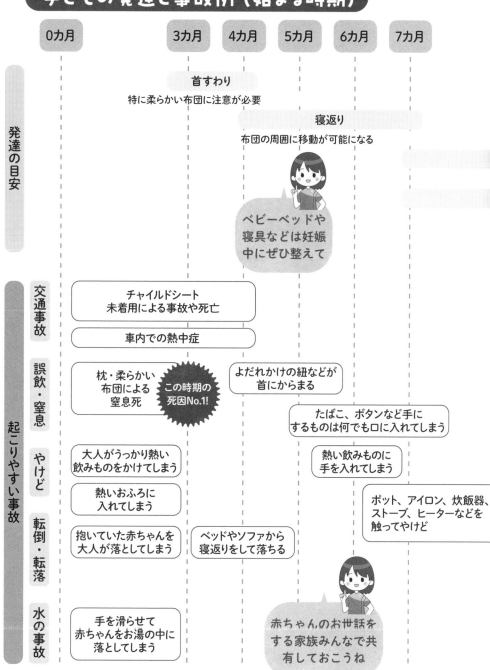

Column 7

応急手当て今昔

どんどん進歩していく医療の世界。子育て中によく出合う応急処置も時代とともに変わっていることが。最新の情報にアップデートしておいてね！

1 傷の手当ては (→ P.194)

昔　乾燥させる

今　うるうる環境に

カサカサに乾燥させてかさぶたを作ったほうがいいと言われてたけれど、今はなるべく乾かさずに、うるうる環境を保っておくほうが治りがよいといわれているよ。

2 けいれん中は (→ P.82)

昔　舌を押さえる

今　何も口に入れない

昔は「舌をかむ！」って言われてたの。もしかんでも大事になることはないし、口の中に何か入れるほうが傷つけたり、窒息の原因になったりするので危険。それより様子の観察を。

3 鼻血が出たら (→ P.174)

昔　上を向く

今　下を向く

上を向くと血がのどに流れてきて気持ち悪くなったり、咳込んだりすることもあるので、下を向き、少し強めに小鼻を指で押さえて止血するのが一般的だよ。

4 普通のすり傷は (→ P.194)

昔　消毒する

今　消毒せずに水で洗う

消毒液はかぶれの原因になったり、皮膚を傷つけたりして治りにくくすることにつながっちゃう。まずは流水や石けんで傷口をしっかりきれいに洗い流すことが大事！

chapter 4

たいへん！子どもが病気

子どもの病気はたくさんあるよね。
名前だけでは「いったいどんな病気なの?」って
想像つかないものも多い。
ここでは特に子どもがかかりやすい病気を選んで、
「どんな病気かな?」をまとめてみたよ。
予備知識を入れておくと、いざという時に落ち着いて行動できるよ。

子どもは病気のワンダーランド

なかなかお熱が下がらなくて
1週間ぶりに登園できました〜
入園直後はみんなたくさん病気しますよね
いってきます
お知らせ
2、3歳児クラスでヘルパンギーナ
1歳児クラスでヒトメタニューモウイルスが流行しています
んっ
ヒトメタニューモ…？ヘル……？なんか名前がこわい！
うつったらヤバい病気なのかな？いっそ保育園休ませたほうがいい？
でももう有給がなくなりそうだよ〜
子どもの病気っていっぱいあるよね どんな病気か知っておけば
いざという時焦らないよ！

突発性発疹

意外と誤解が多く、知られていないことも多い病気だよ。
「軽くみすぎず、不安になりすぎず」経過をみていこうね

ここ大事

- 高い熱が数日出て、下がったころに発疹が出るのが特徴。発疹が出てはじめて「突発性発疹だったんだね」と診断ができるよ。
- まれに重症化して脳炎や脳症を起こすことも。「突発性発疹だから」と油断せずにしっかり経過を観察しよう！

典型的な経過ばかりではない

ヒトヘルペスウイルス6型、7型が原因。ウイルスが2種類あるので、2回かかる子もいるよ。生後6カ月から2歳までにかかることが多いけれど、3〜4歳になってからかかる子も。38・5℃以上の熱が3〜4日続いて、熱が下がる頃に顔やおなか、背中など全身に発疹が出ます。発疹そのものに痛みやかゆみはないものの、その頃に機嫌が悪くなる子が多いよ。熱が下がっても、機嫌が落ち着くまでは安静にすごしましょう。

また、前述のような典型的な経過をたどらないこともある。「うちの子は突発性発疹まだにかかっていない」と思っていたら、発疹が出なかったり、気づかない間にかかっていたということもあるよ。

どんな症状？

再受診の目安は？

- 4日以上高熱が続く
- 水分が摂れない
- 顔色が悪くぐったりしている
- けいれんした
- いつもと様子が違う

どんな治療？

ウイルスの病気なので特効薬はない。なので、熱の経過や症状を観察していくよ。発疹が出たら写真を撮っておくと診断に役立つよ。

アドバイス＆まとめ

昔は「はじめての発熱といえば突発性発疹」だったけれど、最近はそうではない赤ちゃんも増えています。突発性発疹でも、まれに脳症や脳炎などの合併症が起きることもあるから、「たかが突発だから大丈夫」って軽くみないでね。

突発性発疹の感染経路は唾液などの経口感染によるもの。発疹が出ていると、まわりにうつしちゃいそうな気がするけれど、発疹が出る時期にはウイルスの量はかなり減少しているよ。

RSウイルス感染症

流行る年もあるので、
小さな赤ちゃんをもつママパパには絶対に知っていてほしい病気

ここ大事

- 生後６カ月未満（特に生後２カ月未満！）の赤ちゃんは症状がひどくなることもあるから、いつもと違う感じがしたら早めに受診しようね
- １歳を過ぎている子でも、咳がひどくて呼吸がゼイゼイしている、夜眠れない、喘息の発作みたいに苦しそうな時は受診してね

2歳までの子どもに感染！

RSウイルスによる感染症は、2歳までにはほぼすべての子どもがかかるといわれているよ。症状は風邪に似ていて、発熱、咳、鼻水が主で、軽い咳が数日続くだけということも。ただ、個人差が大きく、重くなると、呼吸がゼイゼイするなどぜんそくのような症状が出たり、最初は少し熱が高いだけと思ったら、だんだん呼吸が苦しそうになったりする場合も。

以前は秋から冬にかけて流行することが多い病気だったけれど、最近は1年中どの季節でも感染する可能性があるよ。何度もかかることがあり、2回目、3回目と繰り返すほど、だんだん症状は軽くなっていく。

迅速抗原検査（→P34）の保険対象は1歳未満と入院している子だよ。

どんな症状？

咳
鼻水

重症化すると
ゼイゼイ、
ヒューヒュー
という呼吸音

ひどくなると
呼吸が苦しそうで
呼吸の回数が
増える

鼻水や
38 ～ 39℃の
発熱

細気管支炎を
起こすと胸が
ペコペコへこむ
ような呼吸に

どんな治療をするの？

特効薬はないので、症状に合わせて薬を出すことに。ぜんそくのような症状が出ている時は吸入もするよ。必要があれば入院して酸素吸入などをすることもあるよ。

病院に行くタイミングは？

呼吸が苦しそうでゼイゼイがひどい、咳で夜眠れない、おっぱいやミルクが飲めない場合は、早めに再受診を。

アドバイス & まとめ

乳児期に感染すると気道が敏感になって、治った後、ぜんそくになりやすくなったり、風邪をひくとゼイゼイが起きやすくなったりするといわれている。気道の炎症が治るまで経過をみていこうね。

症状の軽い大人や年上のきょうだいが、知らないうちに小さい子の感染源になることもある。赤ちゃんの受診時はきょうだいの情報もとっても役立つので教えてね。

ヒトメタニューモウイルス

名前が難しいけれど症状としては
呼吸器系の風邪と変わらないよ

ここ大事

- 呼吸器に感染するウイルスで、10歳までにはほぼ全員がかかるっていわれてるよ。何度もかかる可能性があるけれど、はじめてかかった時は症状が強め。
- 症状は発熱、咳、鼻水と一般的な風邪と同じだけれど、咳が激しくなったり、呼吸がゼイゼイしたりする症状が強く出がち。肺炎やぜんそくの合併症も。

呼吸や咳の症状が出やすい

2001年に発見されたウイルスで、RSウイルス（→P110）のように呼吸器に感染するよ。2歳までに50％がかかるといわれている。特徴的な症状はなく、「風邪だね」と診断された中には、実はヒトメタニューモウイルス感染だったということも。一度だけでなく何度もかかるけれど、回を重ねるごとに免疫を獲得していって、症状も軽くなっていく。

少し熱が出てあっという間に治る子もいれば、なかなか熱が下がらず呼吸にゼイゼイが出てきて何日も病院に通う子もいる。個人差が大きいのも特徴。

ゼイゼイしている時は、吸入や服薬での対処療法が中心に。

どんな症状？

呼吸が
ゼイゼイする
発熱
ゼイ
ゼイ
嘔吐
咳
鼻水
中耳炎
下痢

登園・登校再開は？

厚労省で決められている登園・登校停止の病気ではないので、基本的には熱が下がって、咳や鼻水が落ち着けば登園・登校OK。園や学校での基準も確認を。感染してから1～2週間はウイルスが出ているよ。

感染経路は？

飛沫感染と接触感染で広がる。例えば咳やくしゃみ、会話、ウイルスがついた手で触ったタオルやおもちゃを介してなど。潜伏期間は4～6日くらいで、普通の風邪と同じように大人もかかることが。

アドバイス＆まとめ

鼻水を検査することでヒトメタニューモウイルス感染と診断できるけれど、診断がついても治療の方向性が大きく変わるわけではないよ。子どもの体調や周囲の流行状況、検査の有効性をみて医師が判断するよ。

肺炎やぜんそく性気管支炎などの合併症が心配なので、熱が下がらなくて苦しそう、咳が激しくて眠れなかったり食べられなかったりするなど、気になる症状が出ている時は迷わず再受診を。

クループ症候群

特有の咳で「クループだ!」とわかるかも
呼吸や咳の様子をしっかり観察することが大事

ここ大事

- 声帯のまわりの咽頭が腫れることで、息を吸う時に犬の鳴き声やオットセイの鳴き声のような特有の咳が出ます。スマホで録音、撮影しておくと診断に役立つよ。
- 呼吸困難が心配な病気なので、咳が止まらない、呼吸が苦しそう、胸やおなかがペコペコするなどの気になる症状が見られる時は、夜間でもすぐに受診を。

変わった咳が出たら注意

　原因はいろいろあるけれど、主はウイルス感染。特徴は咳で「犬の鳴き声のよう」「オットセイが鳴いているみたい」「のどが痛そう」と表現されることが多いです。「今まで聞いたことがない咳が出ている」と思ったらクループ症候群の可能性が高いよ。スマホで録音・撮影しておいて、診察の時に先生に聞いてもらうと一発で診断できる。

　夜間から明け方にかけて咳が激しくなる傾向があるので、咳が続いて眠れない、呼吸が苦しそうなどの症状がある時は、朝になって病院が開くのを待たずに夜間救急に行ったほうがいい場合も。

どんな症状？

声が枯れる
犬の鳴き声のような咳
ケンッ
ケンッ
息を吸う時にのどや肋骨がペコペコ凹む
ヒュウヒュウ、ゼイゼイする

気を付けたい症状は？

のどの奥にある喉頭蓋《こうとうがい》という部分が炎症を起こして、クループ症候群特有の咳が出る急性喉頭蓋炎は、まれに窒息を起こすことがある。なので、よだれを垂らす、下あごを前に突き出すような姿勢で呼吸していたらすぐに救急車を。

どんな治療？

原因はウイルスが多いので特効薬はない。けれど、のどの腫れが強い場合は腫れをとる吸入をしたり、ステロイドの内服をしたりすると、だいたい2、3日で落ち着いてくるよ。呼吸困難の症状が強い時には、入院して様子をみながら治療することも。

アドバイス & まとめ

ちょっとした刺激で咳込んで止まらなくなってしまうよ。刺激にならないように、冷たい空気や乾燥した空気、においの強い空気を吸い込まないようにして。おうちでは加湿器を使ったり、洗濯物を干したりして湿度を保つと症状がよくなることも。温かい飲みものを飲むのもおすすめだよ。

大泣きするとのどに負担がかかって症状が悪化することも。たいへんだと思うけれど、この病気の時期は泣かさないようにケアしてあげて。

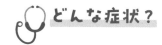

手足口病

名前のとおり手、足、口に発疹が出る
夏風邪の1つだよ

ここ大事

- 夏風邪の一種なので、夏に流行ることが多い。けれど、発熱のない子もいるし、手、足、口以外におしりやひざ、ひじなどにも発疹が出ることもあって症状は個人差があるよ。

- 風邪と同じように接触感染や飛沫感染、経口感染でうつるよ。咳や唾液、うんちや目やにには気を付けて。特にうんちには2〜4週間ウイルスが出ているよ。

ウイルスのタイプで症状はさまざま

感染者の90％が5歳までの子どもといわれる病気。原因はエンテロウイルス。ウイルスのタイプがいくつかあるので、何度か手足口病にかかるという人も。

発熱のほか、手、足、口を中心にポツッとした発疹ができるのが特徴。ただ、大人が感染すると、発疹の痛みが強く出る。足の裏の発疹が痛くて歩行が困難になる場合も。

だいたい10日くらいで自然に治っていくが、発疹がおさまってからしばらく経った後に、手や足の爪がはがれることも。これも自然に治る。

どんな症状？

発熱

嘔吐

発疹

下痢

口内炎

どんな治療？

ウイルスをやっつける薬はないので、ゆっくりと休んで体力を回復させていくよ。ウイルスのタイプによっては、脳炎や髄膜炎などの合併症が心配なので、熱が3日経っても下がらない、口内炎が痛くて水も飲めないなどの症状があれば再受診を。

感染予防は？

アルコール消毒が効きにくいウイルスなので、流水と石けんでしっかりと手洗いをするのが一番の感染対策（→ P.161）。特にうんちからは長くウイルスが出ているので、交換したおむつはビニール袋に入れるなど対策を。交換後の手洗いも忘れず。

アドバイス & まとめ

子どもの場合、発疹に痛みはないといわれているけれど、のどの痛みが強く出たり、口内炎ができたりすることが。特に口の上のほうにできると飲食の時に痛むので、食べやすいもの、飲みやすいものを選んであげて。

熱が下がっていて、食事がいつも通りにできるなら登園OK。ただ未就学児が集まる場所では一気に感染が広がる病気で、園によっては基準が設けられている場合もあるので確認を。

ヘルパンギーナ

名前だけだとどんな病気か謎だよね
夏風邪の1つだと思ってね

ここ大事

- ウイルスの種類によって症状の出方はさまざまで、熱だけで発疹なし、食欲あり、水分をまったく飲めずなど。「すぐ治った」「入院になった」など経過もいろいろだよ。
- のどにできる水疱が痛いので、水分を摂るのも嫌がることが。脱水症状が心配なので、少しずつでも飲ませてみて、まったく飲めないようなら受診を。

夏風邪の1つだよ

エンテロウイルスやコクサッキーウイルスの感染が原因の夏風邪の一種。同じようにエンテロウイルスが原因の手足口病（→P116）とは親戚のような関係。5歳以下でかかる子がほとんどで、1歳の感染が多いよ。ドイツ語の「水疱（ヘルペス）」と「のどの炎症（アンギーナ）」から名前がついたようで、38～40℃の高熱が2、3日続いた後に、のどの奥に水疱ができるのが特徴です。

水疱が破れると痛みが出るので、食べられない、飲めない、機嫌が悪くなるということも。発症から7日くらいで自然に治っていく。

どんな症状？

のどの奥に水疱ができる

発熱

のどの赤み

登園・登校再開は？

厚労省のガイドラインでは「発熱や口腔内の水疱・潰瘍の影響がなく、普段の食事が摂れること」とされている（→ P.70）。症状がなくなって、いつも通りに元気で、食べられて、眠れているなら、登園・登校しても大丈夫。

感染予防は？

うんちや唾液、目やに、咳などから飛沫感染、接触感染するよ。発症したら手洗いをしっかりすることと、家族でのタオルの共有はやめておいて。うんちは1カ月くらいウイルスが出ているので、おむつの処理と交換の後には手洗いを念入りに。

アドバイス & まとめ

のどの痛みが強い時は、熱いものやすっぱいものを食べるのは避けておこう。冷たいうどんやうらごしバナナ、ゼリー、豆腐など、のどごしのいいものがおすすめだよ。食べやすいものを少しずつ食べるようにしてね。

最初にかかった時はびっくりしちゃうかもしれないけど、たいていはおうちでゆっくり休むと治るよ。のどの痛みで水分が飲めない、熱がなかなか下がらない、ぐったり感がある時は再受診を。

アデノウイルス感染症

種類が多くて、何度でもかかる！
かかるたびに症状が違うことも

ここ大事

- **アデノウイルスには約 100 種類以上の型が。感染する型と部位で呼び方が変わります。多いのは「咽頭結膜熱《いんとうけつまくねつ》」と「流行性角結膜炎《かくけつまくえん》」と呼ばれるもの。**
- **その時、流行するタイプによっては、重症化しやすいものもあるので、症状の出方や経過をみようね。**

ウイルスの型で症状が違う

アデノウイルスが原因の感染症だけれど、たくさんの型があって、型によって症状が違い、何度でもかかるよ。昔は夏にプールで感染が広がったり、流行性角結膜炎が起きたりすることから「プール熱」「はやり目」なんて呼ばれていたことも。今は、どんな季節にも流行するし、目以外に症状が出ることもあるよ。

よく聞かれるのは、数日高熱が出たり下がったりして、のどの腫れや痛みに加えて目の充血が出る「咽頭結膜熱（プール熱）」、目の充血と目やにが主な症状で、発熱やのどの痛みがない「流行性角結膜炎（はやり目）」の2つ。診察した結果や流行状況、喉や目の迅速抗原検査（→P34）で診断できるよ。

どんな症状？

どんな治療？

特効薬はなく、解熱剤、目の充血や目やにがある時は目薬など症状に合わせた薬が出ることも。単なる結膜炎や風邪と呼べるものか、アデノウイルスの感染による症状かは、のどや目の検査でわかるよ。

感染対策は？

潜伏期間が 2 ～ 14 日と長く、感染力も強いので園や学校で広がることが。アルコール消毒が効きにくいので効果が高いのは手洗い（→ P161）。家族がかかったら食器やタオルの共用をやめるなどが感染予防に。

アドバイス & まとめ

感染力が強いウイルスなので、咽頭結膜熱、流行性角結膜炎は、解熱後2日間は登園・登校ができないよ。

咽頭結膜熱も流行性角結膜炎も重症化することがあるので気を付けて。高熱でぐったりしている、嘔吐や吐き気で水分が全然飲めない、嘔吐が止まらない、咳がひどい、視界がぼやけるなどの症状が見られたら、すぐに再受診を。

インフルエンザ

冬に流行することが多いけれど
最近は春先や夏などに流行することも

ここ大事

- インフルエンザにはA型とB型があるよ。時期によって流行する型がそれぞれ違うので、1シーズンの間に何度もかかる子も！
- インフルエンザワクチンを接種することで重症化を防ぐことができると考えられている。効果は、2回接種後、2週間後から5カ月間くらい。

冬のお騒がせ感染症

例年、冬に流行する感染症だよね。子どもは関節痛や体の痛みをうまく伝えられず、急な発熱や倦怠感で気づくことが多いよ。

インフルエンザ脳症などさまざまな合併症もあるので発症後も経過をみていくことが大事。自然に治ることがほとんどだけれど、抗ウイルス薬（タミフル®、リレンザ®など）を飲むと熱が少し早く下がるといわれているよ。

登園するには、「発症後5日間経過＋解熱後3日間（学校は解熱後2日間）」と決められているので、おうちでしっかり休もうね。

どんな症状？

インフルエンザ脳症とは？

インフルエンザの感染をきっかけにかかる脳症のこと。発熱後２日以内に起きることが多くて、けいれん、意識障害、異常行動が主な症状。けいれんが止まらなかったり、「おかしいな」と思う症状があったりしたら、すぐに救急車を呼んで！

インフルエンザの迅速抗原検査とは

鼻の奥にウイルスが増えてからできる検査。だいたい12～24時間後くらいから有効率が上がってくるといわれている。病院によって検査の種類や方針も違うし、検査がすべてではないから、かかりつけ医で相談してみようね。

アドバイス＆まとめ

インフルエンザで高熱が出ると、熱せん妄と言って、見えないものが見えたり、急に動きだしたり、意味不明なことを言ったりする症状が出ることが。危険なこともあるので必ずそばにいてあげて。しっかり起こしても、意識障害と区別がつかない時は119番しよう。

インフルエンザの抗ウイルス薬は、発症後48時間以内にスタートすることが大事。受診のタイミングはこのことも考慮してね。

新型コロナウイルス感染症

子どもよりも高齢者は重症化しやすいので、
家族内感染が心配だよね

ここ大事

- 発熱、のどの痛み、咳などの一般的な風邪と変わらない症状なので、**重症化に注意しながら経過観察が治療の基本。**
- ウイルスのタイプの変化によって、症状や重症率も変わっていくので、**最新の感染情報に気を付けてね**（2024 年 1 月現在）。

典型的な症状が乏しい

原因は新型コロナウイルス。感染すると発熱、のどの痛み、咳など一般的な風邪と同じ症状が出るので、風邪と見分けるのは難しい！　発熱は40℃以上の高熱になることもあるけれど、だいたい1〜3日くらいで平熱に戻る。現在のところ子どもは特効薬はなくて、**重症化しなければ一般的な風邪と同じようにおうちでゆっくりすごすことで治っていくよ。**

発症から5日間、症状が軽快してから24時間程度はウイルスが多量に放出されていて、まわりを感染させる可能性が高い。なので、登園・登校停止になる。

どんな症状？

咳
発熱
下痢
吐き気
嘔吐
のどの痛み
けいれん

情報はかかりつけの小児科で

今後、新興感染症の出現でまた世界が大きく揺らぐ時がくるかもしれません。情報が錯綜していたり、何が正しくて、何をやったらいいのか不安になる時もあるよね。信頼しているかかりつけの先生に直接相談してみるのが一番安心だよ。

重症化のサインは？

高齢者は重症化率が高いです。子どもはほかの熱が出る病気と同じように、呼吸が苦しそう、ぐったりしている、吐き気や嘔吐が続いて水分が摂れないなど「おかしい」「いつもと違う」様子があったらすぐに病院へ。

アドバイス＆まとめ

- 子どもの新型コロナウイルス感染症は、治療方針が一般的な風邪と大きく変わらないが、5類のため注意が必要。
- 子どもが感染した場合はお部屋を分ける、マスク、手洗いを徹底するなど、できることをしっかりやろう。感染予防に気を取られすぎて経過をみすごさないのも大事。

ノロウイルス感染症

胃腸風邪の1つで
冬に流行することが多いよ

ここ大事

- 感染力の強いウイルスなので、家族内感染の危険も。一緒に生活する家族に感染が広がらないように**吐瀉《としゃ》物やおむつなどの処理に注意！**

- アルコール消毒が効きにくいウイルスなので、吐いて汚れた場所や衣類は、**次亜塩素酸ナトリウム液（→ P.60）で消毒**。85℃以上の加熱も効果あり。

集団感染の例も

ノロウイルスが原因の胃腸風邪。10～4月の冬場に流行することが多い。**症状としては嘔吐。さらに下痢をともなう**場合もあるよ。発熱も症状の1つではあるけれど、高くても37～38℃くらいで、熱が出ないのも珍しくない。だいたい1～2日程度経つと症状が落ち着くよ。

感染力が強いので、人から人への接触感染や糞口感染（↓P69）で一気に広がる。**カキやあさりなど、ノロウイルスに汚染された二枚貝を食べての経口感染もある**ので、しっかり加熱して食べよう。

どんな症状？

ロタウイルス感染症

ノロウイルスと同じように、胃腸症状をともなう感染症。ノロウイルスよりひどくなりやすい。ワクチンの定期接種強化により重症化は減ったので、ワクチンは必ず接種しようね。

受診の目安は？

気を付けたいのは激しい嘔吐・下痢による低血糖や脱水症状。吐く回数が多くて半日以上水分が摂れていない、水のような下痢が頻回に起きている、ぐったり感が強いなどの症状があれば、すぐに受診を。

アドバイス＆まとめ

ノロウイルスには特効薬がないので、治療の中心はおうちケアに。脱水症状に気を付けながらおうちでゆっくり休むと、数日程度で回復するよ。

嘔吐が落ち着いたら水分・糖分が整った経口補水液をペットボトルのキャップ1杯から少しずつ飲ませて様子をみて。嘔吐の時の水分補給は「少量ずつ頻回」が鉄則だよ（→P61）。

食中毒

梅雨の時期から夏にかけてと、冬に流行るものがある
さらに原因がウイルスか細菌かで少し症状が違ってくるよ

ここ大事

おうちでの食材管理や調理のしかたで防ぐことができるものだよ。予防のためのポイントを覚えておいて、かからないように気を付けよう！

症状の出方や感染する菌、ウイルスによっては、重症化することもあるよ。経過をしっかり観察して、悪化が見られる場合には、迷わずに再受診しようね。

原因は細菌、ウイルスなど

食中毒の原因になる代表的な細菌には「サルモネラ」「カンピロバクター」「腸炎ビブリオ」「ボツリヌス菌」「病原性大腸菌」などが。ボツリヌス菌は、はちみつにも混入していることがあって、腸内環境が整っていない1歳未満の赤ちゃんは乳児ボツリヌス症を発症することも。絶対に食べさせないでね。

食中毒の症状は主に発熱、腹痛、嘔吐、下痢だけど原因の細菌、ウイルスによって重くなることも。同じ食事をした家族にも同じ症状が出ていて「あやしい」と思った時は、症状がひどくなる可能性も考えて、小児科で診てもらったほうが安心。

どんな症状？

- 下痢
- 激しい腹痛
- 嘔吐
- 発熱
- 血便

調理前の注意点

- 買いものの後は寄り道しない
- 冷蔵後、冷凍庫へすぐ入れる
- 庫内の食材は7割程度で入れすぎない
- あやしい食材は思い切って破棄
- 調理前は必ず手洗いをしっかりしよう

調理する時の注意点

- 肉や魚は、ほかの食材（特に生野菜など）につけない
- 肉や野菜、貝類などはしっかり加熱
- キャンプやバーベキューなどは、衛生面や生焼けなどに注意

アドバイス & まとめ

食中毒は予防できる。だから、食材管理や調理方法などで対策をして、家族みんなで楽しく食事できるようにしよう。

同じものを食べた人が同時期に発症するのが食中毒の特徴。適切な検査や治療を行うことで改善するものもあれば、重症化するタイプもある。

おうちケアで大事なことは水分補給。水分や食事の摂り方はP.60を参考にしてね。

腸重積

子どもの病気で特に緊急性が高いものの1つ
この病気は見逃したくないよ

ここ大事

- 腸の一部分が腸の中に入り込んでしまう病気。入り込んだ腸をできるだけ早く元に戻す必要がある。それには少しでも早く気づくことが大切だよ！
- 粘血便や嘔吐などの症状が出る前でも、「なんか機嫌が悪い」「おなかが痛そう」と感じたら、そのカンを大切にして受診してほしい。それくらい緊急性の高い病気だよ。

最初のサインを見逃さないで

子どもの病気の中でも、できるだけ早く見つけてあげたいのが腸重積。入り込んだ腸は強くしめつけられてしまうので、時間が経ちすぎると腸が腐った状態になり、手術が必要になる。生後6カ月～2歳までで起きることが多いよ。

腸重積のサインとして典型的なのは、腹痛。ただ赤ちゃんは「痛い」と言えないので、15分おきくらいに激しく泣いたり、機嫌が悪くなったりして腹痛を表現することも。「いつものグズグズと違う」は立派なサインだよ。粘血便も代表的なサインなので、「いつもと違ううんち」が出たら、写真に撮って記録しておくクセを付けておくといいよ。

どんな症状？

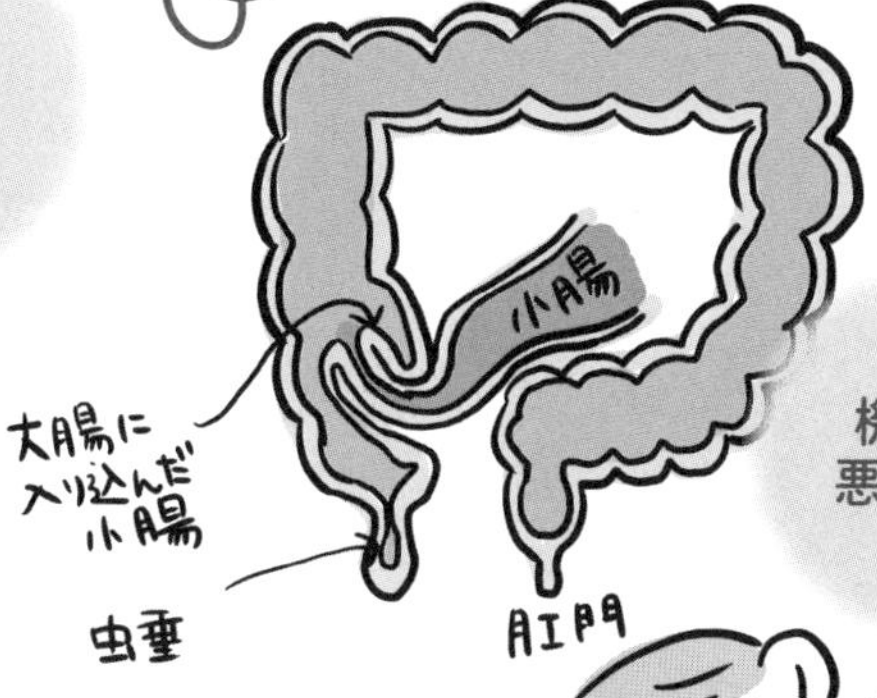

嘔吐

腹痛（15分おきくらいに痛みを訴える）

いちごジャムのような粘血便

機嫌が悪くなる

間欠的に激しく泣く

ぐったりして顔色が悪くなる

どんな治療？

たいてい発生から24時間以内くらいに、造影剤や空気を肛門から入れて圧をかけることで、腸を元の状態に戻すことができるよ。それが難しい場合は、手術に。腸の一部を切り取らなければならないこともある。

どうやって診断？

おうちでの様子を聞き、目で見てわかる症状をチェックするほか、おなかを触ったり、浣腸して血便を確認したりするよ。さらに超音波エコーやレントゲン検査も行って確定するよ。

アドバイス＆まとめ

「こんなことで受診したら怒られる？」と思わず、親のカンを大切にしてほしいのは、腸重積のように一刻も早く治療したい病気があるから。受診した結果「単なる便秘だったね」で終わっても気にしないでね。次に「なんかおかしい」と思った時が腸重積かもしれないからね。

一度腸重積にかかった子の一部は、しばらくして再発することも。その場合も「前もこんなサインがあった」と覚えておくと発見が早くなるよ。

溶連菌《ようれんきん》感染症

抗生物質を飲み切るのが治療の鉄則

ここ大事

- 4～10歳でかかる子が多くて、何度も繰り返しかかることも。発熱、のどの痛みのほかに体に細かい発疹ができるのが特徴。舌にぶつぶつができるイチゴ舌になることも。
- 治療は処方された日数ぶんの抗生物質を飲み切る必要があるよ。途中でやめてしまうと合併症などの心配があるので、必ず最後まで飲み切るようにするのが大事。

のどの痛み、発疹が主な症状

溶血性連鎖球菌、略して「溶連菌」という細菌が原因の感染症。赤ちゃんはあまりかかることがなくて、だいたい4歳から10歳くらいまでの子どもがよくかかるよ。最近は1年中いつでも流行があるよう。

くしゃみや咳による飛沫感染が感染経路なので、園や学校、家族の中で感染が広がることが多い。主にのどに感染する細菌で、のどが真っ赤になり咽頭炎や扁桃炎が起きる。さらに体や手足に小さな赤い発疹ができて、発疹が消えた後に手足の先端や手のひら、足底の皮がむけてくる症状も。鼻水や咳が出ないのも特徴。

どんな症状？

- 発熱
- 舌にイチゴのようなぶつぶつができる
- のどの痛み
- 体や手足の発疹
- 指先の皮がめくれる

登園・登校は？

抗生物質を飲み始めてから24時間以上経って、熱も下がって食欲も戻り、いつも通りの体調なら登園・登校再開OK。ただし抗生物質は飲み切ってね。

再受診の目安は？

発症から丸2日経っても熱が下がらない、のどが痛くて水分が全然飲めない、発疹がどんどん広がる時は再受診を。また、1〜4週間経ってから尿が出にくい、むくみ、血尿などがあったらすぐに受診を。

アドバイス＆まとめ

症状の個人差が大きくて、熱や発疹があまり出ない子もいれば、すべての症状が出る子も。症状が違っていても「検査したら溶連菌感染症だった」という場合も。看病する人は、うがいや手洗いを徹底して。少ないけれど、大人にもうつるよ。

まれに心臓の病気や腎炎、リウマチ熱などの合併症が起きることがあるけれど、しっかり最後まで抗生物質を飲めば、ほぼほぼ起きないといわれているよ。

マイコプラズマ気管支炎・肺炎

子どもが肺炎にかかる
代表的な原因がマイコプラズマだよ

ここ大事

- 感染者の多くは6歳以上。乾いた咳が出て、だんだんひどくなっていくよ。解熱後3～4週間続くことも。
- 感染者全体の3～5%が肺炎に移行してしまうといわれている。症状がひどい時は抗生物質で治療していくよ。

解熱後、咳が激しくなる

マイコプラズマニューモニエという病原体が原因の感染症だよ。細菌の一種だけれど、大きさはウイルスくらい小さく細菌とウイルスの間みたいな病原体。咳などから飛沫感染でうつって、最初は発熱、頭痛、体のだるさなど風邪のような症状から始まり、少し遅れて乾いた咳が出るようになるのが特徴。咳は熱が下がってからも長く続くよ。

以前は小学生でかかる子が多いといわれていたけれど、今はもっと小さい子もかかるように。潜伏期間は2～3週間と、ほかの感染症に比べて長いので、その間にまわりに感染を広げてしまう。なので、園や学校単位で流行することも。

どんな症状？

治療は？

軽い気管支炎だと薬を飲まないこともあるけれど、症状がひどい時、肺炎と診断された時はマクロライド系の抗生物質（クラリスロマイシン、エリスロマイシンなど）を服用。最後まで飲み切ることが大事。

登園・登校再開は？

厚労省のガイドラインだと「発熱や激しい咳がおさまっていること」とされています（→ P.70）。咳がおさまりいつも通りの元気さで、眠れる、食べられるを基準にしよう。小児科で相談してね。

アドバイス & まとめ

肺炎のほか、髄膜炎や心筋炎、関節炎などの合併症が心配な病気。熱が下がらない、咳が激しくて苦しそう、咳で夜眠れない、食べられない、呼吸が苦しそう、ほかの症状がひどくて辛そうな時には、気にせず何度でも受診しようね。

症状の出方には個人差がある。受診した時に「今の症状は軽いほうか、ひどいほうか」「どんな経過になりそうか」「どんなサインに注意するか」など聞いておくと安心。

水ぼうそう

かゆみの強い発疹と水ぶくれが特徴
ワクチンの登場でかかる子が減ったよ

ここ大事

- 水ぼうそうのウイルスは空気感染なので感染力が強力。ほかにも発疹に触るとうつる接触感染があるよ。定期接種でワクチンを2回接種できるようになって、かかる子が激減したよ。

- ただし大人の帯状疱疹が増えているよ。赤ちゃんと接触するおじいちゃん、おばあちゃんは帯状疱疹ワクチンをぜひ接種して。1歳未満の赤ちゃんは水痘ワクチンが接種できないからね！

発疹が消えるまで1週間

水痘帯状疱疹ウイルスの感染による病気で、最初は紅斑（赤いぶつぶつ）や少し盛り上がった丘疹《きゅうしん》ができて、やがて水疱（水ぶくれ）やかさぶたに変わっていきます。全身のいろいろな場所に発疹が出て、頭の皮膚にも発疹ができるのが特徴の１つだよ。０歳代の赤ちゃんが水痘にかかると帯状疱疹になりやすい。

水ぶくれになると、かゆみが出るよ。また、かきこわしてしまうような場合にはかゆみをおさえる薬をもらうことも。小児科ではほかに抗ウイルス薬を出すこともあるけれど、だいたいは１週間くらいですべての水疱がかさぶたになって治癒します。

どんな症状？

発疹（紅斑→丘疹→水疱と変化する）

※いろいろな発疹が混在するのが特徴だよ。

かゆみ

発熱

大人の帯状疱疹からうつるの？

コレ心配だよね

まわりの大人が帯状疱疹になって「赤ちゃんにうつったかも?」って心配の相談が時々あるよ。水痘ワクチンの接種（→P.158 ～ 159）を2回していればほぼ大丈夫だといわれている。赤ちゃんがベタベタと帯状疱疹に触ったり、それを口にしないようにしようね。

アドバイス & まとめ

水ぼうそうのウイルスは感染力が強いので、受診する時は水ぼうそうの可能性があることを伝えてね。妊娠20週までの妊婦が感染すると、胎児に影響が出る恐れがあるので、みんなで守っていこうね。

治療は症状の程度によって抗ウイルスの薬を飲むこともあるよ。発疹がすべてかさぶたになるまでは、まわりに感染を広げてしまう可能性があるので、登園・登校もできません。自宅でゆっくりすごしてね。

おたふくかぜ・反復性耳下腺炎《はんぷくせいじかせんえん》

ワクチンのおかげで減りつつあるけれど
合併症もあるので知っておいて!

ここ大事

- 「おたふく」と聞くと、ほっぺのあたりが腫れるイメージだけれど、腫れるのは耳の下やあごのあたり。
- 気を付けたい合併症は無《む》菌性《きんせい》髄膜炎《ずいまくえん》と難聴。大人になってかかると精巣炎、卵巣炎などが起きる場合もある。特に難聴になると治療ができないので注意!ワクチンで予防を。

耳の下やあごの周辺が腫れる

ムンプスウイルスによる感染症で、正式名称は流行性耳下腺炎と言います。3～6歳でかかることが多いよ。発熱とともに耳の下やあごのあたりが腫れて痛む。症状が出始めてから3日目くらいが腫れのピークで、だいたい1週間くらいで完治するよ。

間違えられやすい病気に反復性耳下腺炎があるよ。反復性耳下腺炎の場合は、熱は出ないことが多くて、耳の下やあごのあたりが腫れるのも片方だけで、腫れもすぐにおさまるよ。原因がはっきりしていない病気で、何度も繰り返すことが。ただし、ほかの人に感染することはないので、反復性耳下腺炎と診断されたら登園・登校もできるよ。

どんな症状？

腫れる、痛む（耳下腺《じかせん》や顎下腺《がっかせん》の両方、または片方だけの場合も）

発熱

ワクチンの効果は？

おたふくかぜはワクチンで予防が可能。1歳以上で1回目の接種、2～3年あけて2回目の接種。合併症を考えると、ワクチンで予防するのがおすすめ（→ P.158～159）。

おうちケアは？

熱や腫れがある間はおうちでゆっくり休み、痛みが強い時は腫れているところを冷やしても。食事は酸っぱいもの、固いものを食べると痛みが強くなることもあるので避けて。症状が落ち着くまでは観察を続けてね。

アドバイス & まとめ

潜伏期間が14～18日と長いので、気づかないうちに感染を広げてしまうのがおたふくかぜのこわいところ。登園は、症状が出始めて5日以上経過して、全身症状がよくなったら可能。

心配なのは合併症。熱が下がらない、頭痛がひどい、嘔吐を繰り返す、おなかや睾丸《こうがん》を痛がるなど、心配なことがあればすぐに受診してね。

りんご病（伝染性紅斑《こうはん》）

何年かおきにふと流行ることが
知っておくと様子が疑わしい時にも安心

ここ大事

- 両ほおが赤くなる以外に腕や太ももにレースや網目みたいな発疹が出るのが特徴。痛みやかゆみはなくて、特に治療しなくても１～２週間くらいで治るよ。
- 皮膚症状が出る１週間前くらいに微熱が出るなど軽い風邪症状が見られる。ほおが赤くなってはじめて感染がわかることが多いよ。

気づく前が感染のピーク

ヒトパルボウイルスB19に感染することで起きる病気で、両ほおがりんごのように赤くなることからこの名称に。感染してから1週間くらい軽い風邪のような症状があって、この頃が最も感染力の強い時期。それから1週間後くらいに皮膚症状が出る。でもその頃にはウイルスの量が減って、まわりにうつすことはなくなっているよ。なので気づかないうちにまわりに感染を広げてしまうのが、この病気の悩ましいところ。

5〜10歳くらいがかかりやすくて、たまに園や学校で流行が起きることも。飛沫感染や接触感染が感染経路になるので、こまめな手洗いとうがいなど、基本的な行動が感染予防になる。

どんな症状？

大人もかかる？

基本的には１度かかると抗体ができるけれど、抗体のない大人もかかるよ。しかも頭痛や関節痛など子どもより辛い症状が出がち。また、妊婦は、時期によっては胎児に影響が出る可能性があるので注意してね。

どんな治療？

原因がウイルスなので特効薬はなく、発疹もぬり薬でおさえられることはなくて、自然に治るのを待つのみ。ただ、りんご病と診断されたのに、熱が下がらない、発疹が広がってくる、元気がない時は再受診を。

アドバイス ＆ まとめ

皮膚症状が出て「りんご病」と診断を受ける頃には感染力もなくなっているので、登園・登校停止にはなりません。風邪症状が出ているなどがなければ、登園・登校しても問題ないよ。

外出なども制限はないけれど、太陽にあたると赤みが強くなるので日陰ですごすようにして。おふろも入って大丈夫。でも温まると赤みが強くなって発疹が長引いてしまうことが。落ち着くまでは温まりすぎないでね。

川崎病

この病名をまったく知らずにすごす人もいるけれど
決して珍しい病気ではないよ！

ここ大事

- 最初は高熱が出て「風邪かな？」と思っているうちに、目が赤くなる、体にぶつぶつができるなど、だんだんと症状がそろうので、あやしくなったら精査するよ。

- だいたい3つくらい症状がそろったら、小児科でも「川崎病かも」と考えながら治療する。ママパパも様子をみていてあやしいと思ったら、「川崎病では？」と聞いてみても。

早めの治療でリスク回避

「お熱が長く続く子どもの病気」の中で、小児科でまず思い浮かべるのが川崎病。50年くらい前に川崎富作先生という日本人の医者が発見したことからこの名前に。今でもまだ原因はわかっていなくて、熱が続くことで、体の免疫機能が過剰に反応し、全身の血管に炎症が起きることがわかっている。1～4歳児がかかりやすく、特に1歳前後の発症が多め。

症状はいきなりすべてが出そろうわけではなく、少しずつ増えていくため、経過をみていくことが大事。だいたい発症から3～5日目に診断されることが多いよ。心配なのは、ごく一部の子の冠動脈（心臓の血管）にコブができること。だからこそ早めに診断をつけて、適切な治療を受けることが大切だよ。

どんな症状？

唇が
赤くなる
5日間くらい
発熱が続く
舌にぶつぶつが
できる
（イチゴ舌）
両目が
充血する
首のリンパ節が
腫れる
発疹
（BCGの接種痕が
赤くなる）
手足の先が
赤くなって
腫れる
（後日皮がむける）

どんな治療？

入院して治療するよ。今は「免疫グロブリン大量療法」という治療が一般的で、症状がおさまれば１週間くらいで退院できる。適切な治療で、95%以上は冠動脈に問題なく完治するといわれているよ。

退院後も治療を継続

退院してからもアスピリンという薬を継続して飲むことが多いよ。インフルエンザの流行期は感染するとライ症候群の心配があるので、受診した時はアスピリンを飲んでいることを伝えてね。

アドバイス＆まとめ

治療がうまくいけば、退院する頃にはすっかり元気に。退院後は症状の変化に気を付けながらすごして。その後も定期的に検査や診察を続けて、主治医に「卒業」って言われるまで診てもらおうね。

不全型といって、症状が少ない場合もあるので、「なんかおかしい」と思ったら、小児科で迷わず伝えて。

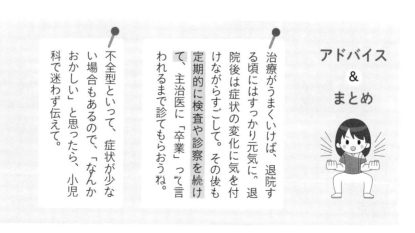

急性中耳炎

風邪をひくと中耳炎を繰り返す子もいるよね
耳鼻科に何度も通う場合も

ここ大事

- **急性中耳炎の多くは、風邪が原因で、症状の程度によって治療を決めるよ。薬がいらない程度の中耳炎が多いよ。**
- **子どもは鼻と耳をつなぐ管が短くて太いうえに鼻と耳が水平で、機能も未熟。なので、1、2歳頃は中耳炎を繰り返すことが。鼻がかめるようになると起きにくくなる子もいるよ。**

鼻水が耳に流れこむ

風邪をひいて鼻水が出た時に、風邪の原因になる細菌やウイルスが含まれた鼻水が耳のほうに流れて、耳の奥の鼓膜周辺にある中耳やその周辺に炎症が起きるのが中耳炎。その中でも鼓膜が赤く腫れる症状が出るものが急性中耳炎です。鼓膜が腫れると突然発熱があったり、耳が痛くて機嫌が悪くなったりします。

外から見ても症状がわからないので、「熱が出て鼻水が出てるし風邪かな」と受診せず様子をみているうちに急性中耳炎が進行していることも。ひどくなると膿がたまり、鼓膜が破れて耳だれを起こすことも。中耳炎を起こしやすい子は、風邪をひいたら小児科にも伝えてね。

どんな症状？

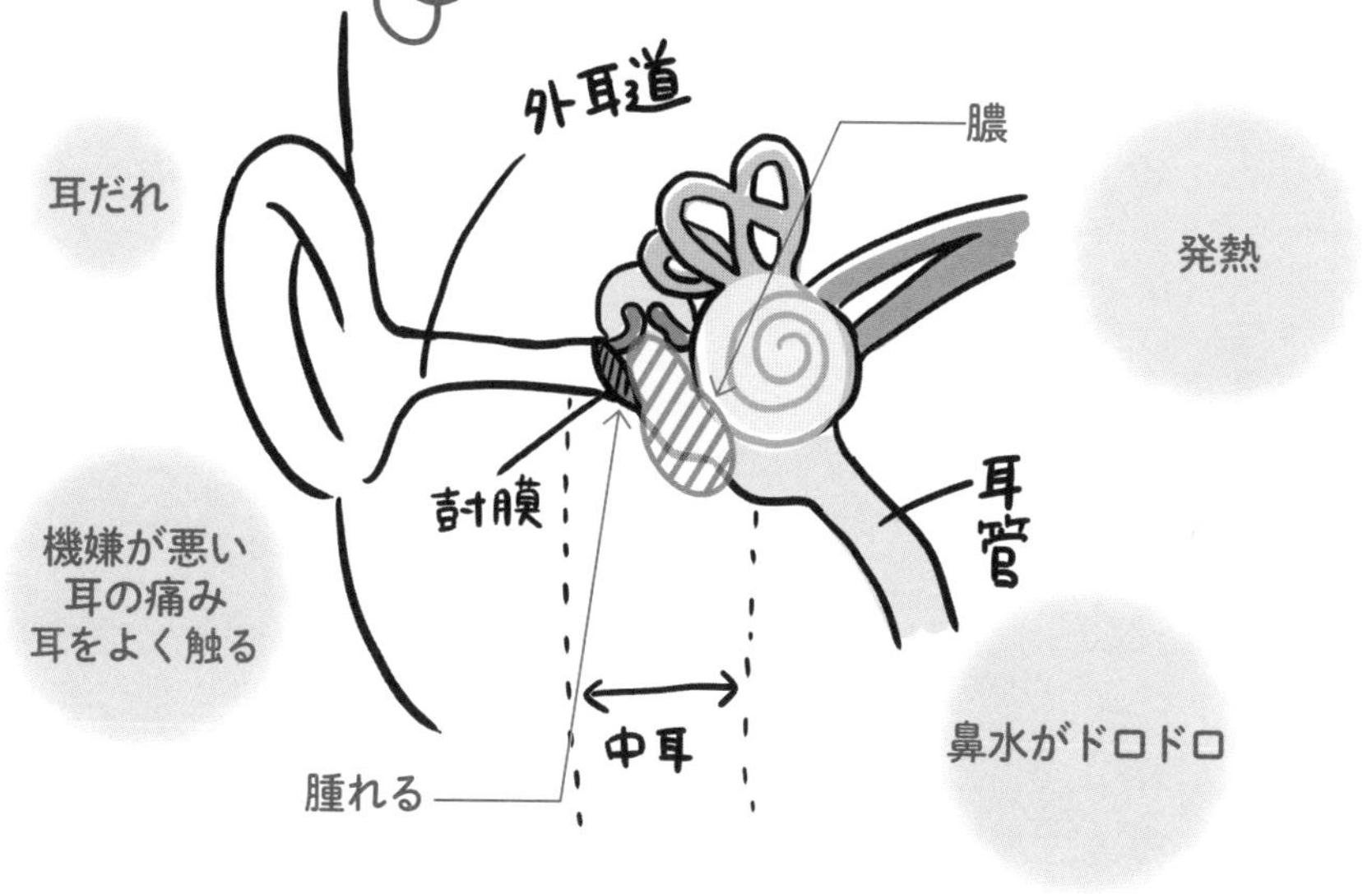
外耳道
膿
耳だれ
発熱
鼓膜
耳管
機嫌が悪い
耳の痛み
耳をよく触る
中耳
腫れる
鼻水がドロドロ

どんな治療？

症状と鼓膜の状態によって治療が変わるよ。炎症をおさえるために抗生物質が出される場合や、鼓膜を切開して膿を出すことも。自然に治るレベルであれば鼻水の吸引を続けながら経過を観察します。

予防は？

風邪をひいて鼻水が出たらしっかり外に出すこと。鼻がかめないうちはこまめに吸引したほうがいいし、鼻がかめるようになってからは鼻水をかんでね。

アドバイス ＆ まとめ

- 耳の痛みで、夜寝ている時に子どもがいきなり泣き出すことも。痛みが強い時は鎮痛薬（カロナール®など）を使用してもいいよ。
- 鼓膜がパンパンに腫れて破れると耳だれが出て熱も下がって痛みもなくなる。「自然に治った？」と思ってしまいそうだけれど、一度耳鼻科で鼓膜の状態を診てもらってね。さらに専門的な治療が必要になることも。耳の聞こえにも影響するよ。

滲出性《しんしゅつせい》中耳炎

耳の中に水がたまっている状態。
将来のためにもしっかり治して！

ここ大事

- 鼻炎が長く続いていたり、急性中耳炎が治りきっていなかったりするのが原因に。鼻炎の治療や鼻水吸引をしながら水が抜けるのを待つ治療がメインに。

- 後ろから呼んでも振り向かない、テレビの音を大きくしたがるなど聞こえが悪くなっているのに気づいて発覚することが。「あれ？」と思ったら耳鼻科を受診してみてね。

鼓膜が凹んでいる状態。

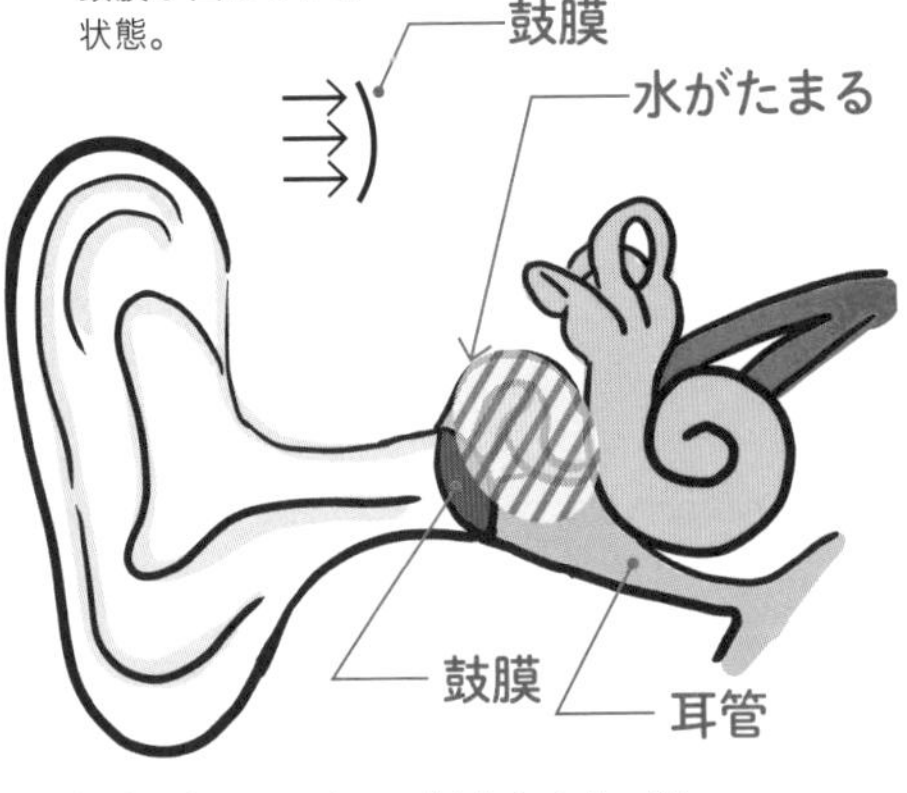

程度によって、チューブを入れたり、経過をみたりするよ。たいへんだけれど通院をやめないでね。

将来のためにも通院を

鼻炎が長く続いていたり、鼻をすする癖があったりすると、鼻と耳をつなぐ管が詰まってしまい、鼓膜の奥にある場所に水がたまって鼓膜が引っ込んだ状態になる。難聴になったり、そのまま放置していると言葉が出にくくなったり、将来にも影響することだから治療を頑張ろう！

Column
8

3歳までに鼻をかめるようになろう！

最近「自分で鼻がかめない」って子が増えてるよ。2 歳頃にになったら自分で鼻をかむための練習をしていこうね。

1 「鼻水くらい」って思わないで！

鼻水にはいろいろな細菌やウイルスがいるから、感染症のリスクも高まるし、子どもの集中力に影響することも。

2 鼻かみの練習ができる時期の目安

大人のマネができて、説明すると同じことができるようになる2歳頃からがおすすめ。

3 鼻かみの練習方法は

練習する場所はおふろが一番。湿度も保たれているし、おふろに入ってる時ってみんなリラックスしているし、鼻水が飛んでもすぐに洗い流せちゃう。おふろタイムの遊びの1つにしてもいいかも。「練習しなきゃ！」じゃなくて、楽しみながらやってね。

勢いが強すぎると耳が痛くなるからやさしく「ふーっん」がポイント。最初はパパやママが一緒にやってお手本を見せてあげるといいよ！

おふろでリラックス

▼

片方の鼻に大きめのティッシュを詰める

▼

反対の鼻の穴を押さえて
鼻息でふーっんと飛ばす

ふん！

赤ちゃんの鉄欠乏性貧血

貧血といえば思春期のイメージ
でも赤ちゃんも貧血を起こすの！

ここ大事

- 乳児の10人に1人は鉄欠乏状態といわれているので、珍しい病気ではないよ。離乳食が始まり、体が大きくなる乳児期後半から1歳くらいまでになる子が多いよ。
- 離乳食の献立がよくないとか、母乳だけで育てたからとか、決してママパパのせいではないからね。治療をきちんとすることで改善するよ。

鉄貯金が減る時期に発生

母乳をやめてミルクだけにした、離乳食が始まったけれどなかなか食べてくれない、離乳食が進んでいないのに卒乳してしまったなど、赤ちゃんの栄養については悩むことが多いはず。そんな時に「鉄欠乏性貧血」を指摘されると、自分に問題があるのかもと思い悩むママパパが多いよ。でもね、原因はそうじゃない！

おなかにいる間に赤ちゃんの体にはママから送られた鉄が蓄えられていて、最初はその鉄を使ってヘモグロビンを作っている。でも、乳児期後半から1歳頃は、体が大きくなって、それに見合った鉄が必要になるけれど、同時に、体内の鉄の貯金も減る時期なの。だから離乳食で鉄が補えないと、どんどん鉄が足りなくなるんだよ。

どんな症状？

- やや顔色が悪い
- 離乳食が進まない
- やや元気がない
- 体重が増えない

どんな治療？

食事だけでは改善しないので、一般的には鉄剤を飲むことに。貧血自体は1カ月くらいで治るけれど、鉄の貯金をしっかり作るまでには3 ～ 4カ月かかるよ。別の病気がないか確認しながら、先生から治ったと言われるまでは薬を飲んでね。

どうやってわかる？

血液検査をしてヘモグロビンやフェリチンの値の低下でわかります。体重が増えないとか、アレルギー検査など、別の理由で血液検査をした時に偶然見つかることも。また、大泣きした時にけいれんを起こす「泣き入りひきつけ」は鉄不足が関係しているとも。

アドバイス＆まとめ

- 予防として、離乳食の時期になったら、どんな食べものに鉄が多く含まれているか知っておくといいよ。赤身の肉や魚、卵黄、レバーはおすすめ。
- 赤ちゃんが自分で貧血の症状を訴えることはないので、ママパパの「いつもと比べてどうかな？」という感覚がとても大事。なんか元気がない、食欲がない、体重が増えないと思ったら小児科で相談してみて。病気の症状じゃない時でも相談OKだよ。

じんましん

見た目が派手なので焦るよね
原因や薬で誤解も多いので注意！

ここ大事

- 食べものが原因って思われがちだけれど、実は原因不明ってことが一番多いよ！
- じんましんは数時間で消えてしまう場合もあるので、写真を撮っておくと診察で役立つよ。

原因はさまざまな可能性が

ぷつぷつした小さな発疹ではなく、全身に地図状の発疹が現れて、かゆみをともなうことも。原因はさまざまで、その多くは原因不明。特定のものを食べた時や触れた時、暑さや寒さなどの環境要因、皮膚に何かが触れた時や汗をかいた時、下痢をした後や風邪をひいた後などに出ることもあるよね。

たいていは数時間で消えてしまうので、受診するかどうかは様子をみて決めるので大丈夫。ただし、どんどんひどくなる、繰り返し出るなど心配な時はすぐに受診して。また、じんましんではない発疹の場合もあるので、迷う時も受診を。

どんな症状？

一部、または全身に地図状の発疹

- 蚊に刺されたように盛り上がっている
- かゆみをともなっている
- 数時間で消えてまた出るを繰り返している
- かくとその部分が赤く腫れる

重症化のサインは？

アレルギーによるじんましんでアナフィラキシーを起こすことも。発疹が全身に広がって、息苦しそうにしている、急に咳が出始めた、顔色が悪いなどの症状がある時は、ためらわずに救急車を呼んで（→ P.90）。

治療は？

数時間で消える子もいれば、数日～2、3週間以上続くパターンも。すぐに消えて再発もない場合は特に治療は必要ないよ。長引く場合は原因を特定しながら、抗アレルギー薬を飲むなどの治療も。

アドバイス＆まとめ

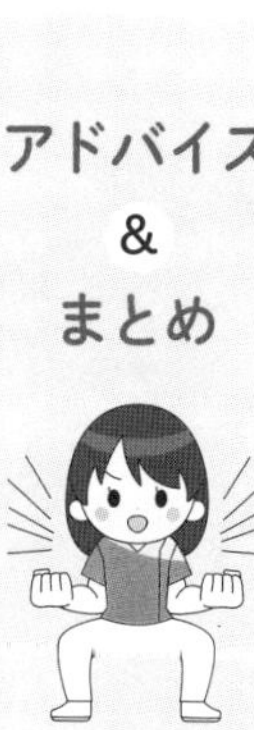

発疹が出始めた時よりも、範囲が広がっていかないかの観察が大事。しばらくすると消えてしまうこともあるし、広がっている様子を写真に撮っておくと受診の時に役立つよ。また、繰り返し出る時は、子どもの食事や様子をメモしておくと、原因を特定しやすくなるよ。

温めるとかゆみが増して悪化しやすいので、部屋を涼しくしたり、発疹が出ているところを冷やすようにするとかゆみが軽減するよ。

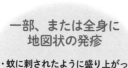

ぜんそく

薬や治療もどんどん進化！

昔の治療とは大きく変わってきているよ

ここ大事

「発作を起こさずにコントロール」できるようになるのが最初の大きな目標。そのためには薬を飲み続け、先生と相談しながらじっくりと治療を進めるよ。大人に持ち越さないが最終目標。

治療の基本は、

「今、起きている苦しい状態を治す」

「気道をきれいにしてぜんそくを治す」

の2パターンがあるよ。

刺激があると発作が起きる

気管支が慢性的に炎症を起こしている状態。気道の内部がガサガサして通り道が狭くなるため、風邪や何か刺激があった時に呼吸が苦しくなったり、咳が止まらなくなったり、ゼイゼイ、ヒューヒュー聞こえたりするよ。時間はかかるけれど、発作が起きにくくするための治療を続けていくことになる。

小さい赤ちゃんはもともと気道が細いので、ぜんそくじゃなくても呼吸がゼイゼイと聞こえることが。また、風邪などで痰が絡んでてゼイゼイしているだけってこともあるよ。でも、気になる時は遠慮せずに受診して確認しよう。

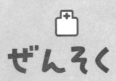

どんな症状？

何らかの刺激で呼吸がゼイゼイ、ヒューヒューする

風邪をひいた時に呼吸がゼイゼイ、ヒューヒューする

気道が過敏になる

- 冷気の刺激で咳が出る
- 走ったりすると咳が出る
- 大笑いすると咳が出る
- 布団などではしゃぐと咳が出る

風邪をひいた時に咳が止まらなくなる

RSウイルスとの関係？

小さい時にRSウイルス感染症（→P110）にかかると、気管支内にダメージが残って、ぜんそくっぽい症状を繰り返すことが。必ずぜんそくになるわけではないけれど、ゼイゼイを繰り返したり、気道の過敏症状があったりする時は小児科で相談を。

どう診断する？

「風邪をひいた時に呼吸がゼイゼイ、ヒューヒューした経験が3回以上ある」「気道の過敏症状がある」が診断の目安。そのほかに、呼吸の音や、今までの経過や検査、家族にアレルギーやぜんそくの人がいるかなどで総合的に判断。

アドバイス＆まとめ

ぜんそくの治療は長期戦。毎日吸入や服薬を続けても、風邪をひいて状態が逆戻りして……心が折れそうになることもあるかも。だからこそ「薬はいつまで続けるの？」「少しずつ減らせないの？」と気になることは何でも小児科で相談してね。

薬のほか、環境整備と体力作りが大事といわれているよ。おうちのハウスダストやダニ対策、子どもが好きな運動を続けることも考えてみてね。

水いぼ

水いぼ自体には、かゆみはないよ

かきこわさないように注意

水疱の中にウイルスが含まれていて、つぶれて、皮膚につくことでうつるよ。バスタオルでこすった時につぶれて広がったり、プールではビート板や浮き輪を介してうつることがある。水いぼができたら、かきこわさないように爪を短くしておくことが大切。

どんな症状？

どんな治療？

2〜3年で自然に治るので、広がってこなければそのまま様子をみることも。広がってくるようなら小児科で相談してみてね。
※皮膚科では水いぼをとることもあります。

普段の生活は？

水いぼは、破れさえしなければプールもおふろも大丈夫。プールは出る時にしっかりシャワーを浴びよう。

アドバイス＆まとめ

子どもに「かいちゃダメだよ」と言っても止めるのはなかなか難しいよね。かゆみが強い時には冷やしたりするなど、かゆみ対策をしてね。

とびひ

虫さされやあせもをかきこわしたところに細菌がついて広がるよ

皮膚を清潔に保って

子どもの場合、黄色ブドウ球菌が原因になっていることが多く、虫さされやあせもをかきこわしたところに細菌がついて、赤みや水ぶくれが広がるよ。感染を広げないためには皮膚を清潔に保つことが大切。

どんな治療？

まずは清潔にすることが大切！　広がってくる場合は抗菌薬の内服や塗り薬を使って治すよ。かかないようにするのが大事なので、かゆみが強い時は冷やしてあげて。

普段の生活は？

とびひは、接触感染なので、集団生活やプールなどは医師に相談してね。タオルの共有はやめておこう。

どんな症状？

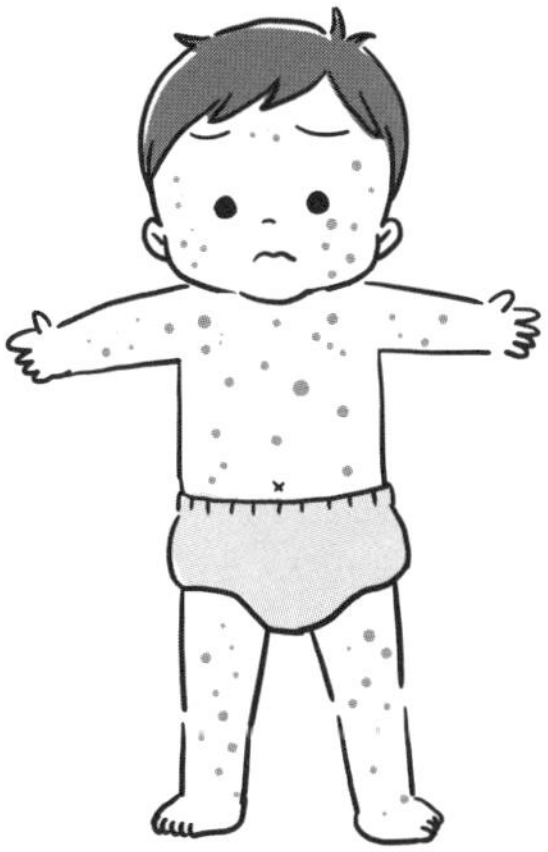

肌の赤み

膿《うみ》がたまった水ぶくれ

ただれ

厚いかさぶたができる

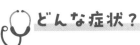

Column

9

予防接種を受けよう

生後２カ月になると、自治体から定期予防接種のお知らせがどっと届くはず。「こんな小さい時にたくさん打つ必要あるの?」と考えちゃうかも。打つ意味について知ってほしいな。

絶対にかかってほしくない病気を防ぐもの

子どもがかかる病気って、単なる風邪から命にかかわるものまで本当にたくさん。ワクチンで予防できる病気は、自然にかかってほしくない病気。後遺症をのこしたり、予後がよくなかったりする病気だよ。中には病気などで予防接種を打てない子もいるので、ほかのみんなが打つと、その子たちも守ることができるよ。

早めにスケジュールを立てて

生後2カ月からしばらくは予防接種ラッシュだから、間隔を空けずにどんどん進められるように前もってスケジュールを立てておくといいよ。かかりつけの小児科でも教えてくれるはず。1カ月健診が終わったら早めに予約を。

コレ心配だよね

ワクチンを打つより病気にかかったほうが免疫がしっかり付くって本当？

病気にかかったほうが免疫が付くのは事実だけれど危険度も高くなります。予防接種で防げる病気は、重症化や合併症によって命にかかわったり、深刻な後遺症があったりするものなので。後から「ワクチン打っておけばよかった」とはならないようにしてほしいな。

風邪をひいてたら打てないの？

風邪の程度にもよる。熱がある時は延期が必要だけれど、熱がなく軽い鼻水、咳程度なら予防接種はできることが多い。本来は打てるものを延期して打てなくなってしまうのはもったいないので、迷う時は接種する小児科に相談して、判断してもらったほうがいい。

スケジュール作りのポイント

病気は待ってくれないよ！

「生後2カ月から打つ意味ある?」と思うかもしれないけれど、この時期に打つからこそ防げる病気ばかり。後から「もっと早く打っておけばよかった！」とならないように、どんどん接種を進めていこう。特に、仕事復帰を考えているママはマストだよ。

スケジュール通りに行かない場合もあるよ

予防接種を進めていく間で、接種当日に子どもが体調を崩してしまうことも。打てる時期が決まっているワクチンもあるから、かかりつけ医にも相談して乗り切っていこう。そのためにも余裕をもってスケジュールをたてようね。

定期接種と任意接種があるよ

予防接種には接種費用が公費負担の定期接種と自己負担の任意接種の2種類が。自治体によっては任意接種も補助されることも。「任意」だから打たなくてもいいわけではなくて、本当は全部打って免疫をしっかりつけてほしい！

同時接種がおすすめ

「2カ月でこんなにたくさんの注射を同時に打つなんて大丈夫?」とよく聞かれるけれど、副反応も効果も単独接種と変わらないよ。必要な免疫を病気にかかる前にスピーディに獲得できて、バラバラに単独接種するより負担も少ないよ。

予防接種はかわいそう？

まだ生まれて間もない赤ちゃんが注射をされて泣いている姿を見て「ごめんね」って気持ちになるママパパは少なくない。でも、病気に負けない免疫はママパパから赤ちゃんへの最高のプレゼントなはず。「かわいそう」なんて思わず「頑張ったね！」と抱きしめてあげて。

生後2カ月から同時接種できる4つのワクチン

- ロタウイルスワクチン（飲むワクチン）
- B型肝炎ワクチン
- 小児用肺炎球菌ワクチン
- 5種混合（4種＋ヒブ）

※令和6(2024)年4月より

その後のスケジュールを考えると、生後2カ月のワクチンデビューで4つ同時接種がおすすめ。注射は右腕、左腕、足などに1本ずつ打っていくよ。

同時接種できるものは、できるだけ同時に打つのがおすすめ。
おたふくかぜの1回目は公費助成がある自治体が多いよ。調べてみてね。

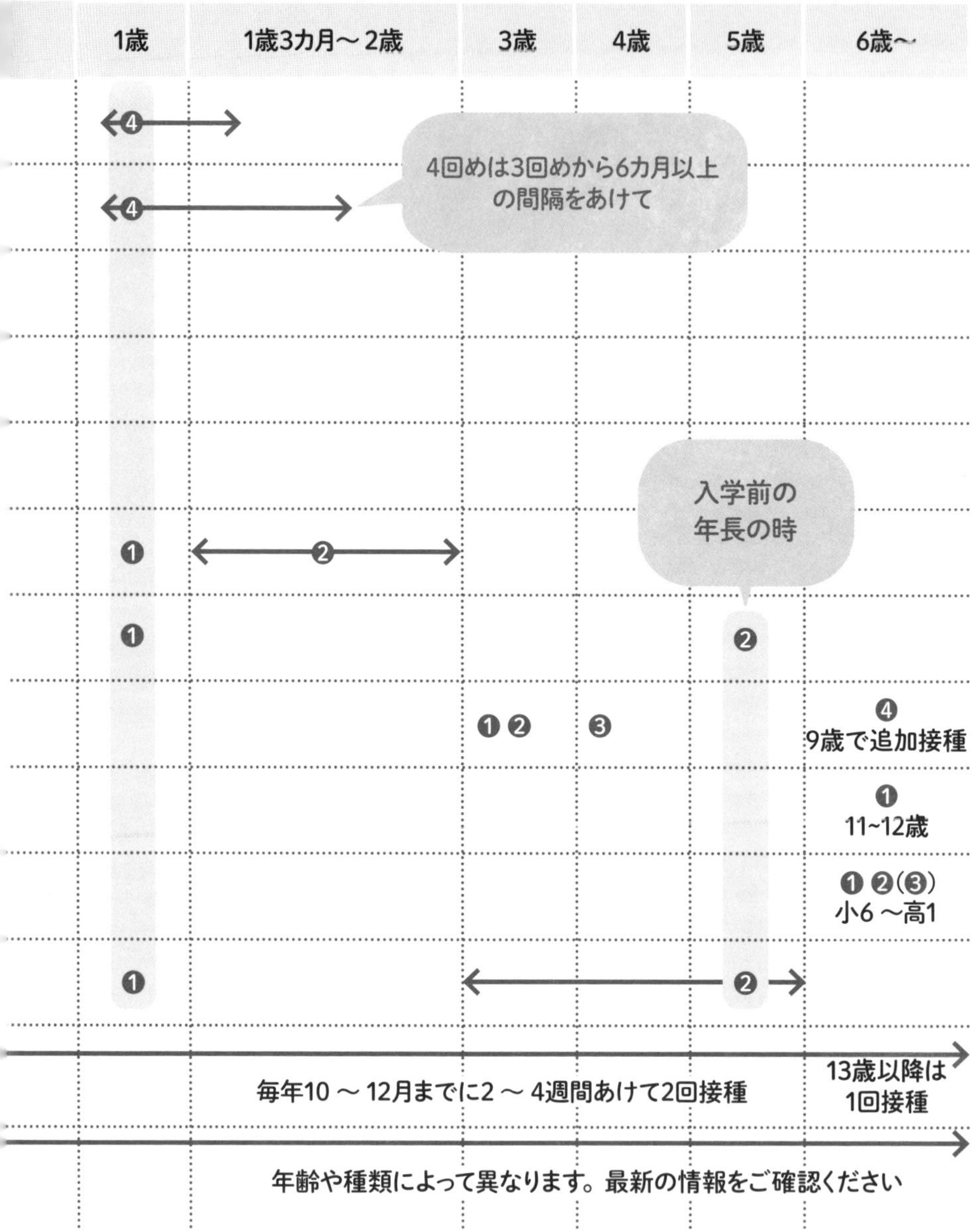

1歳
1歳3カ月〜2歳
3歳
4歳
5歳
6歳〜
❹
❹
4回めは3回めから6カ月以上
の間隔をあけて
入学前の
年長の時
❶
❷
❶
❷
❶❷
❸
❹
9歳で追加接種
❶
11~12歳
❶❷(❸)
小6〜高1
❶
❷
毎年10〜12月までに2〜4週間あけて2回接種
13歳以降は
1回接種
年齢や種類によって異なります。最新の情報をご確認ください

※2024年3月時点での情報です。

予防接種スケジュールシート

定期接種	接種回数	2カ月	3カ月	4カ月	5カ月	6カ月	7~8カ月
肺炎球菌	4	❶	❷	❸			
5種混合（DPT-IPV）+Hib	4	❶	❷	❸			
ロタウイルス	2 3	❶	❷	❸			
B型肝炎	3	❶	❷				←❸
BCG	1				❶→	→	→
水ぼうそう	2						
MR（麻しん・風しん）	2						
日本脳炎	4						
DT二種混合（ジフテリア、破傷風）	1						
HPV（ヒトパピローマウイルス）	2 (3)						
任意接種 おたふくかぜ	2						
任意接種 インフルエンザ	2（毎秋～冬）					←	←
任意接種 新型コロナウィルス	3					←	←

同時接種

令和6（2024）年4月より、これまでの4種混合にヒブワクチンが加わり5種混合に

1回目から20週あけて

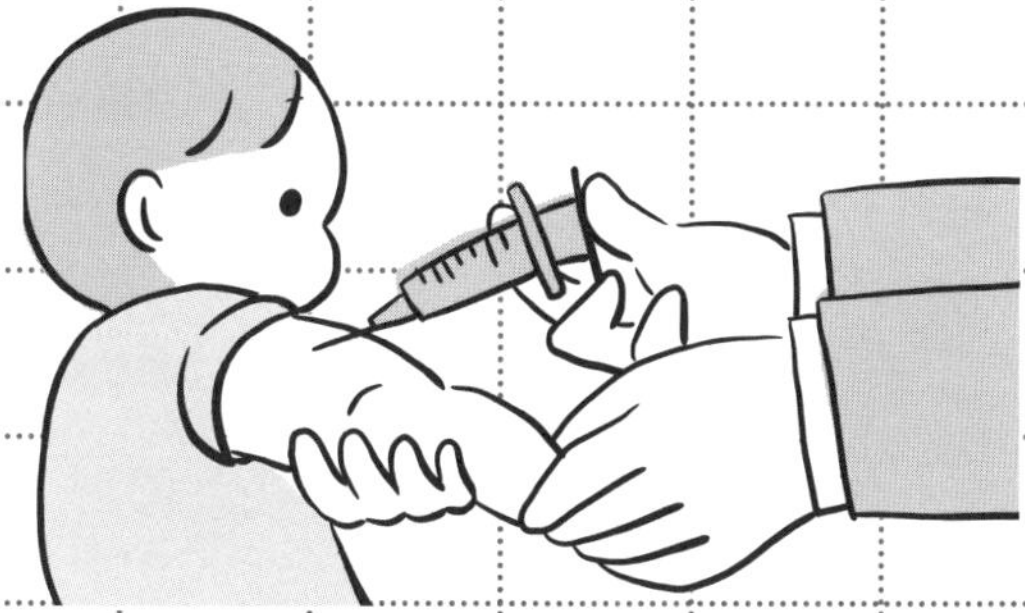

❶=1回目　❷=2回目　❸=3回目　❹=4回目

コレ知ってて！

予防接種の後のおうちケア

0歳のうちは次々に予防接種の時期が来るし、副反応も気になるし、親子ともに疲れちゃうよね。予防接種の後のおうちでのすごし方は、こんなことを覚えておいて。

副反応の出現に注意

予防接種の後48時間くらいは副反応に気を付けて。多いのは発熱。特に肺炎球菌ワクチンは接種後に発熱しやすいといわれているよ。副反応か病気での発熱か見分けがつかなければ受診してね。

激しい運動は避ける

いつも通りおもちゃで遊ぶのは全然問題ないけれど、息がハアハアするくらい走ったり飛んだりするのはやめておいたほうがいい。予防接種後は疲れるから、いつもよりゆったりめな遊びに。

入浴しても大丈夫

基本的には通常生活をしてかまわないので、おふろはいつも通り入って大丈夫だよ。注射を打ったところをゴシゴシこするのはやめておこうね。しっかり泡立てて洗って、清潔にしておこう。

モヤモヤ解決ROOM

インフルエンザの予防接種って効果あるの？

インフルエンザワクチンって？

毎年A型の株が2種類、B型の株が2種類入っているよ。生後6カ月から接種できて、13歳未満は2回接種。接種前にかかってしまっても接種をするのがおすすめ。

親も接種を

重症化を予防するワクチンだから、赤ちゃんを予防するためにも親がまず接種してね。2回接種完了の2週間後から約5カ月間くらい効果が持続するよ。

コレ知ってて！

おうちの中での感染対策

ウイルスなどに感染する可能性をゼロにするのは無理だけれど、できること、やれることをやって少しでも感染を防ごう。予防接種があるものは早めに接種して。そして日常の中でできる予防についても覚えておこう。

1 うがい

ウイルス、細菌を洗い流したり、のどの乾燥を防ぐことが大切!

外から帰ってきた時は手洗いとセットで。ガラガラうがいがまだできない子は水分を飲ませてあげるだけでもいいよ。

2 手洗い

「石けんを付けて20秒ゴシゴシ、流水で15秒流す」を2セット

洗い終わったら水気を拭き取ってアルコール消毒もすると安心。肌が荒れていると感染しやすいので、保湿もしてね。

3 換気

1時間あたり5～10分を目安に、2方向の窓を開けて換気を

エアコンを使う季節はつい忘れちゃうけれど、換気も習慣にしよう。空気清浄機を上手に活用してもいいね。

4 マスク

園から指示がなければ、着けられる子だけでいいよ

本人が咳やくしゃみをしている時は着用を。ママパパがしっかり着用して、おうちに病原体を持ち込まないことも大切。

モヤモヤ解決ROOM

保育園の洗礼 みんなで、のりこえよう

やっと保育園に入園したのに「お熱があります」「下痢しました」と呼び出しの連続。みんなが通る「保育園の洗礼」に「こんなはずじゃなかった」って思って、自分を責めてモヤモヤしてるママたちにたくさん出会ってきたよ。

休んでばっかりで全然仕事ができない！

保育園にも職場にも迷惑かけてる？

子どもってこんなに病気するもの？

保育園に入れるの早すぎた？

助けてくれる人もいるよ！

「ママもゆっくり休んで」「大丈夫。今だけだよ」ってたくさん声をかけてくれた保育園の先生、勤務を代わってくれた職場の人、家族……。私もいろんな人にいっぱい助けてもらったよ。お世話になった分、次は後輩ママを助けてあげようね。

休まなきゃいけないことも

「なんで体温が少し高いくらいで呼び出すの？」ってモヤモヤすることもあるけれど、保育園は集団生活の場だから病気予備軍の子を見極めるのも大事な感染対策。病気の始まりに早めに休息をとるとこじらせず、翌朝には復活できたりもするしね。

親も覚悟を決めよう！

仕事復帰も保育園入園も家族で選んだ道。「これでよかったんだ」って覚悟を決めて頑張ろう。子どもによって少しずつタイミングは違うけれど、だんだんうまくいくようになって、笑って振り返れる日がくるからね。

子どもは必ず成長する！

集団生活に入ると、どうしても感染の機会が増えるから、次々に病気するのは当たり前。だけど1つずつ経験して絶対子どもは強くなっている！しばらく経って「あれ？全然病気しなくなった」って気づく瞬間が必ずやってくるよ。

Chapter 5

受診する？しない？迷いがちな症状

「慌てて病院に連れて行くほどではないけれど、気になる……」
「こんな症状で小児科に行ってもいいの？」
毎日子どもを見ているママパパだからこそ、
判断に迷うような、いろいろな心配が目白押しになるよね。
「こんなサインも小児科でいいよ！」を
まとめたのでチェックしてみてね。

便秘で小児科行っていい？

ガバッ
あっ
あ！ うんち出たんだね よかった
でも…4日ぶりにしては少なくない？
えっ …もうごちそうさまなの？
イヤ
イヤ
いつもより食べる量も減ってるし
心配だから小児科で診てほしいけど…
うーん
便秘くらいで行ったら先生に怒られるかな？
こんなことで受診していいの？って悩むことあるよね
病気以外でも受診してほしいことを伝えるね

元気がない・食欲がない

子どもの様子をみていて「なんか元気がないな」「なんかいつもと違うな」と思う時あるよね。こんなサインに注目してみて。

「食う・寝る・遊ぶ・出す」に注目

病院に行ったほうがいいのか、まだ行かなくていいのか……、特に小さい赤ちゃんだと迷うよね。

そんな時は「食う・寝る・遊ぶ・出す」の4つのサインをチェックしてみて。言葉が話せない赤ちゃんでも、生活の基本になるところで「いつもと違う」があったら、受診の判断材料になるよ。

ママたちの「なんか変」は当たる！

子どもの病気は個人差も大きいので、体調の変化は「いつもと比べてどうか」が大きな判断ポイント。いつも子どもをお世話しているママたちの「なんか変」はけっこう当たる！　受診をする時には自信を持って理由を伝えてね。

受診の判断ポイント

おしっこや
うんちの量、
におい、色は？
熱はあるか
顔色は？
食欲は？
気持ちよく
寝ているか
おもちゃに
反応するか

子どもの元気チェックの基本

1 食う

食欲は赤ちゃんの病気の程度を知るための大事なサイン。母乳やミルクを飲む量がいつも通りか、食欲がどうかを比べてみて。

2 寝る

病気がしんどい時って眠れなくなっちゃう。スヤスヤ気持ちよさそうに寝ているか、寝苦しそうか、寝息は変な音がしないかを確認してみてね。

3 遊ぶ

熱が高い時でも意外と元気よく遊んでいることがあるよね。病気の症状に負けず「遊びたい！」って意欲があって、おうちの中で機嫌よくすごせていたら、ひと安心かも。

4 出す

うんちの回数や出し方、おしっこ、汗、発疹など体から出ているものは、赤ちゃんからの「今、こんな状態だよ」ってラブレターだと思って。

こんなときは受診

- 3カ月未満の発熱（予防接種の副反応と区別がつかない時もまずは受診）
- ぐったりしていて元気がない
- 何をしても機嫌が悪い
- 泣き方がいつもと違う
- 「元気がない」「食欲がない」も立派なサイン。続いていたら受診しよう。

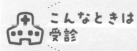

おねしょが続く（夜尿症）

おむつがはずれた後もおねしょしちゃうのは子どもあるある。でも、あまりにも続くと辛いよね。それも小児科に相談していいことだよ。

5歳では5人に1人が夜尿症

5歳以降も夜間睡眠中に月に1回以上おねしょすることが3カ月以上続くのを「夜尿症」と言うよ。5～6歳では5人に1人、10歳でも20人に1人はいるとされていて、決して珍しいことではないんだよ。親の育て方や子どもの性格が原因ではないので、決して自分や子どもを責めないでね。自己肯定感を下げないことが大切。

便秘も関係している

夜尿症の治療には便秘の改善も必要だよ。そして年齢によってさまざまな治療があるので気になることは小児科で相談しながら子どもも親も一緒に不安を解消していこう。大切なことは「怒らず、焦らず、起こさず」で見守っていこうね。

受診の判断ポイント

5歳以上で1カ月に1回以上おねしょをしている
小学校入学が1つの目安に。それまでは焦らずに見守ってあげて

夜尿症の子のケアポイント

1 夜尿症にもタイプがあるよ

- おしっこが膀胱にいっぱいになっても起きられない
- 膀胱にためられる容量が少ない
- 夜間に作られるおしっこの量が多い

いろいろな原因が重なって起こるよ。

2 治療はいろいろ

薬を使った治療もあるけれど、まずは生活のスタイルを見直すやり方も。センサーをパンツに付けるアラーム療法など、いろいろなやり方があるよ。効果が出やすいものを試していく形に。

3 生活の中でできること

- 規則正しい生活をする
- 睡眠のリズムを整える（早寝早起きを）
- 夕方以降の水分を制限（18時以降はコップ1杯に）
- 寝る前にトイレ（2回くらい）

そのほか便秘の改善も夜尿症の対策に。

ここ大事

NG対応 コレやらないで

叱る

おしっこで濡れた布団やパジャマの洗濯を考えると「また！」って言いたくなっちゃうよね。でもね、本人が一番気にしているはず。ここはニッコリ着替えさせて。本人が嫌がらなければ夜だけオムツでも。

夜中に起こす

夜中に起こしてトイレに行かせたら、たしかにおねしょはしないかも。でも、それでは根本的な解決にはなっていないよ。夜はぐっすり寝かせてあげることを優先してね。

便秘

赤ちゃんから小学生まで、意外と便秘の治療している子が多いよ。治療のガイドラインがあるので、改善させていこうね。

「うんちが出ない＝便秘」だけではない

便秘って聞くと「うんちが出ない」状態をイメージするけれど、子どもの便秘はそうではないよ。毎日出ていても「出しにくそう、出すのに苦労している」のは立派な便秘。「（ほぼ）毎日スルッと苦痛なく出せる」状態をキープしていくのが理想。

子どものうちに快便習慣を

薬を飲むとなると「薬を飲まないとうんちを出せない子になりそう」と心配するママパパもいるけど、そんなことはないので大丈夫。便秘は放っておくと悪化してしまうから、出にくい状況が2カ月くらい続くようなら小児科に相談を。早めに対応して子どものうちに快便習慣を身に付けようね。

受診の判断ポイント

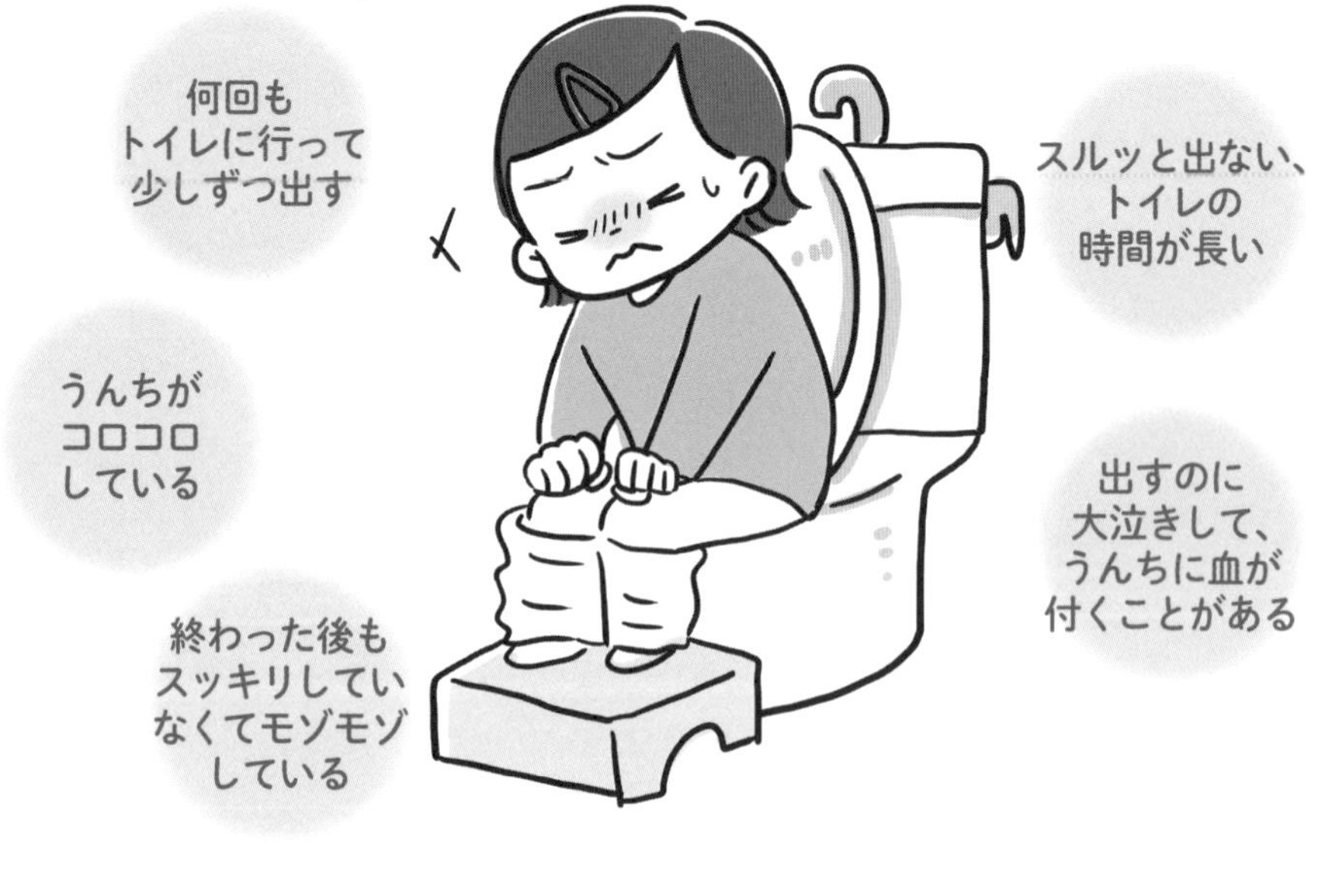
何回もトイレに行って少しずつ出す
スルッと出ない、トイレの時間が長い
うんちがコロコロしている
出すのに大泣きして、うんちに血が付くことがある
終わった後もスッキリしていなくてモゾモゾしている

便秘の治療

1 腸をすっきりさせる

まずはおなかをスッキリさせよう。硬いうんちが詰まってフタをしている時は、浣腸をして出すよ。

2 薬を飲む

便秘のお薬は
- 「うんちを軟らかくする薬(浸透圧製下剤)」
- 「肛門に刺激を与える薬（刺激性下剤)」

のこの2つを使い分けていくよ。

3 薬をゆっくり減らす

しばらくは薬を飲みながらうんちの状態を見て、少しずつ薬を減らしていくよ。

ゴール 治療をすることで日常生活に影響がある時は先生に伝えて。今後の薬の使い方についても相談して。

便秘の悪循環

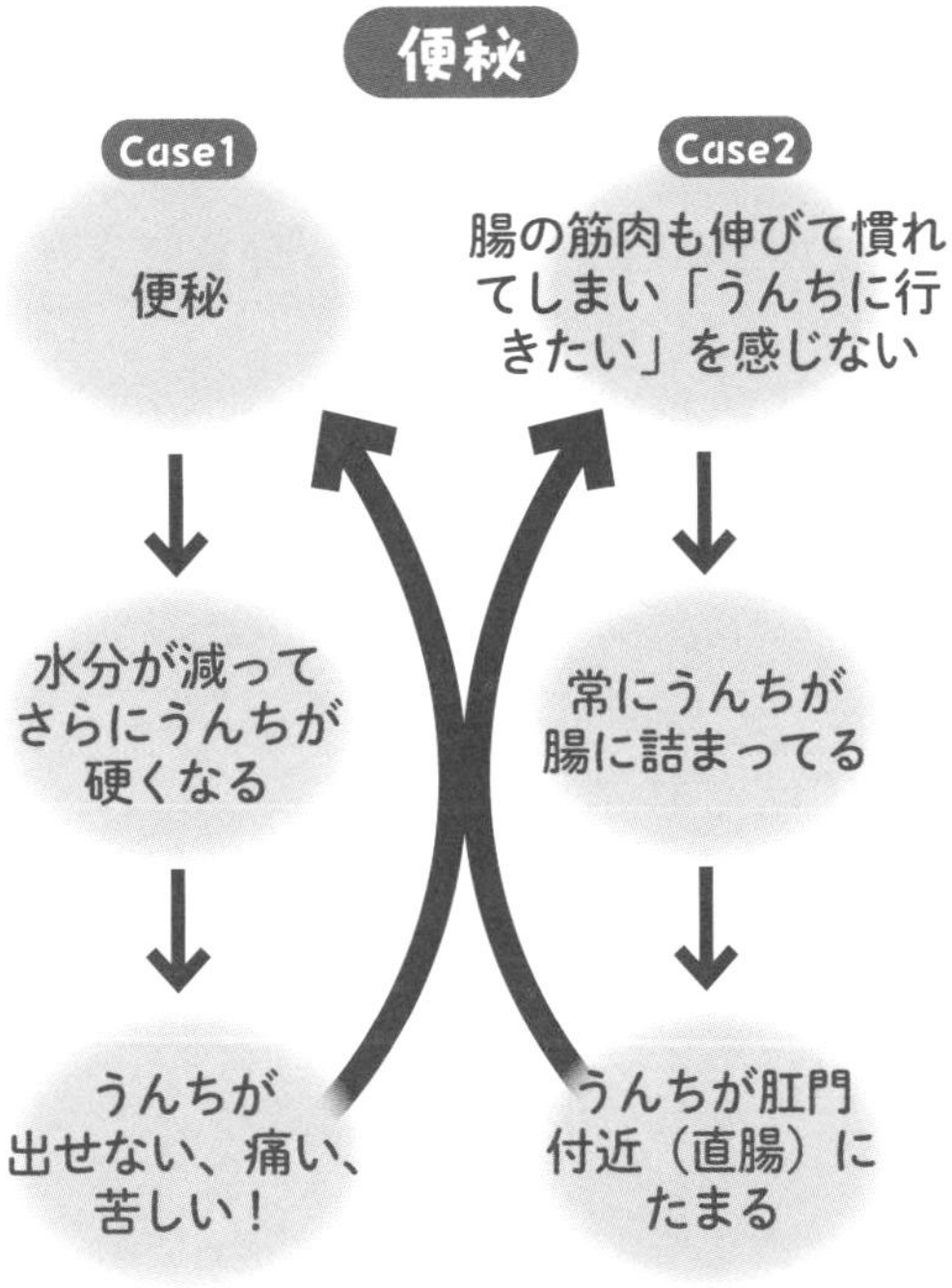
便秘
Case1
便秘
水分が減ってさらにうんちが硬くなる
うんちが出せない、痛い、苦しい！
Case2
腸の筋肉も伸びて慣れてしまい「うんちに行きたい」を感じない
常にうんちが腸に詰まってる
うんちが肛門付近（直腸）にたまる

この流れをぐるぐる繰り返すと便秘が治らないどころか、どんどん悪化してしまう。便秘を放置してはいけないのはこういう理由。

ここ大事
NG対応
コレやらないで

放置する
うんちを出すのに苦労しているのを「まだ大丈夫かな？」と様子をみていても、よくなることはないよ。子どももうんちを出すのがこわくなっちゃうから早めに小児科に相談して。

食事だけで対応
長い間、腸にうんちが詰まっていると食事だけで改善は難しい。まず、詰まったうんちを出すのが大事だよ。

うんちを確認しない
ひとりでトイレに行けるようになってからも「どんなうんちが出てるか？」は、週に1回くらい確認しておいて。

肥満

体重が発育曲線から上にはみ出てる赤ちゃんのママパパから、「このままだと肥満になる?」って心配の声、よく聞くよ。

受診の判断ポイント

肥満度が
30%以上

体重増加の割に
身長の伸びが
よくない

肥満は6歳以降に注意

3歳までは体重が増えていても発達が順調なら「肥満」とは考えません。特に0歳台の体重増加は「水太り」の状態。発達が順調なら大丈夫。母乳やミルク、食事もほしがるだけあげてOK。肥満が問題になってくるのは6歳を超えてから。園や小学校での身体検査でチェックされるよ。

肥満が気になる子のケアポイント

睡眠ほか

睡眠不足や生活リズムの乱れは、なんと肥満にも影響あり。早寝早起きができないと、朝食抜きになったり、早食いになったりする。眠いと体を動かすのもおっくうに。生活リズムを整えていくことが、意外にも肥満の改善になるよ。

運動

乳幼児期に体を使って十分に遊ぶことが、肥満予防だけでなく、心身の健やかな発達にもつながっていくよ。今のうちから運動や体を動かすことが楽しめると、将来までずっと運動の習慣が身に付いて、肥満の改善や予防にも。

食事

幼児肥満になる子の食事は1回に使う食品数が少ない傾向があるといわれている。いろいろな食材をまんべんなく食べさせて、よくかむ食材を取り入れること。お手伝いをして食への興味を育てるほか、食事を楽しめる環境も大切。

頻尿・排尿時痛

子どもも「頻尿」になることあるよね。頻尿が病気のサインのこともあれば、心理的な理由が隠れていることも。

原因は2パターンあり

子どもの頻尿に気づいたら、まず膀胱炎、尿崩症、糖尿病など病気が隠れていないか検査してみるよ。病気じゃないと確認できたら、次に精神的なことが原因な「心因性頻尿」を検討。「発表会が近い」など心因的なことで一時的な頻尿になるのは、よくあることだよ。

受診の判断ポイント

トイレの間隔が2時間空かない

水分を異様にほしがる

1回の量が少量で痛がる

頻尿・排尿時痛が気になる子のケアポイント

トイレ後の拭き方などチェック

自分でトイレに行くようになって、上手に拭けていなかったり、清潔にしていなかったりすることで起こる場合もあるよ。まずは、しっかり洗えているか、ふき方はどうかを確認してみようね。

ストレスは取り除く

「下にきょうだいが産まれる」「激しく怒られた」「プレッシャーを感じる」などが心因性頻尿の原因になりがち。親子のかかわりを増やして安心させるなど、可能な範囲でストレス軽減を。

排尿を我慢させせない

おしっこがしたい気持ちを無理に我慢させることはないよ。トイレに行こうとした時に「またおしっこに行くの?」と指摘する必要もない。気づいた時にも、そのまま見守ってあげて。

鼻血

鼻血がよく出る子いるよね。鼻をいじりすぎたせいならまだいいけれど、たまーに病気が隠れていることもあるから、油断しないで。

一番の原因は鼻のいじりすぎ

子どもの鼻血の原因、一番は「鼻のいじりすぎ」。一度鼻血が出ると鼻の粘膜が傷ついてるから出やすくなるよ。

でも、ちゃんと止血しているのに10分以上止まらない、鼻以外からも出血しているなどあれば、血が止まりにくくなる病気が隠れている可能性も。そんな時は小児科で相談を。

受診の判断ポイント

止血しても出血が止まらない
出血量が多い

止血法

1. 顔を下に向けさせる
2. 鼻翼全体を外側から少し強めに押さえて鼻中隔を圧迫。約10分間待つ

ほとんどは3～5分で止まるよ

鼻翼
鼻中隔

- 鼻に詰めたティッシュを何度も変えるとせっかく固まった血がはがれちゃうから交換はしないよ。ティッシュに血がにじんできたらそのまま重ねていこうね。
- 上を向くと、血がのどに流れ込んできて咳込んだり、血を飲んで気持ちが悪くなることも。横になって血が止まるのを待ってもいいけれど、その時もあお向けにはならないようにね。

あせも

ちょっと暑くなると子どもはすぐあせもが発生！「なんかの病気なの?」ってびっくりしちゃう時もあるよね。

受診の判断ポイント

本当にあせもか判断できない
対応策をやっても治らない

あせも？病気の発疹？

夏、汗をかく時期になると一気に登場する「あせも」。汗の出口に汗がたまってしまい、皮膚の表面にぶつぶつが出る皮膚トラブルだよ。赤くなるものと赤くならないものがあるから、発疹を見ただけだとわかりにくいよね。何度かあせもを見たり、ほかの病気の発疹を見たりするうちに「これがあせも」とわかるように。

あせものケアポイント

あせもの予防は？	●汗を吸いやすい肌着を着せる　●こまめに着替える ●汗をかいたらシャワーで流す ●25～28℃くらいでエアコンをかけ、扇風機も使って快適に ●保湿ケアで汗のダメージから守る
どんな治療？	●ステロイド軟膏が処方されることが多い ●かゆみが強い時には飲み薬も
発見したら？（対応策）	●消える前に写真を撮っておく　●汗をしっかり拭き取る ●濡れタオルでしっかり拭く　●風通しよく涼しくする

トゲが刺さった

子どもっていろんなところを触るから「何か刺さった！」ってなることも。
抜ければそれでいいのか悩むところ。

受診の判断ポイント

抜くのは皮膚科が◎

公園の木製遊具や樹木など、子どもが触るものでトゲが刺さるものってけっこうあるよね。「早く抜かなきゃ」って焦るかもしれないけど、慌てなくて大丈夫。皮膚科で診てもらって処置してもらおう。自分で抜けても、感染のリスクが気になる時は、念のため受診するといいよ。

トゲが刺さった時のケアポイント

皮膚科がおすすめ

トゲを抜く処置は皮膚科または外科。近くにあって、行きやすいのは皮膚科かも。病院によって子どもの診察が難しかったりもするから電話してからのほうが安心。刺さったのが夜や休日だったら、翌日の受診で大丈夫だよ。

感染予防が大切

トゲを抜くには5円玉で圧迫、お湯で皮膚をふやかすなどいろいろな方法があるといわれているけど、一番大切なのは感染させないこと。ぬるま湯と石けんで洗ったら自然に取れることも。

ピンセットで抜く

刺さっているのは何か、どんな向きで刺さっているか、先端は出ているか。子どもが痛がっていないかを確認。

▼

先端が見えているようならピンセットでつまんでトゲが刺さっている方向と同じ方向に引く。逆向きに引っぱらないように。

目やに

目やにの原因はかなりいろいろ。目とつながっている鼻が原因なこともあるし、アデノウイルス感染症（→P.120）ということも。

受診の判断ポイント

- 目が開かないくらいにべったり
- どんどんひどくなる
- 目の充血がある
- まぶたが腫れる

意外にも鼻が原因なことも

目やにが出る原因は風邪の影響や細菌性、結膜炎のほかに鼻炎や目と鼻をつなぐ鼻涙管が詰まっているなど鼻に原因があることも。「鼻涙管閉塞症《びるいかんへいそくしょう》」という病気で、鼻涙管が狭かったり詰まっていたりする影響で目やにが出て涙目になる子も。気になるときは眼科、または小児科を受診してみてね。

口内炎

子どもが食べたり飲んだりを嫌がると思ったら、口内炎ができていることも。感染症の症状の1つということもあるよ。

受診の判断ポイント

- 症状が口全体に広がっている
- 発熱や痛みが続いている

感染症由来の口内炎も

口内炎は、歯ブラシをぶつけたり、自分でかんだりの外傷性の場合と、ストレスや栄養不足で自然にできる場合が。軽いものだったら口の中を清潔にしておうちケアで十分。でも、ヘルパンギーナ（→P118）、手足口病（→P116）、単純ヘルペスなどの病気もいくつかあるので、見分けがつかない時は受診して。

モヤモヤ解決ROOM

情報との付き合い方ってどうしたらいいの？

育児ってはじめて聞くことがいっぱいあって、ママたちは情報を集めるのに大忙しなはず。インターネットやSNSでたくさんの情報が集められる時代だからこそ、情報に振り回されずうまく付き合っていってほしいな。

Point 1 ネットの情報より目の前の子ども

病気の症状は人それぞれ

病気の症状は、本やネットに書いてある通りでないこともけっこうある。「突発性発疹で発疹が出ない」ってこともあるよ。つまり、調べた情報が100％正解ではないことを知っておこう。

めざすのはわが子の専門家

病気はどんな症状から始まるのか、熱が出ると食欲はどうなるのかなど、自分の子どもをよーく観察して、他人の子ではない“わが子の専門家”になってほしい。

Point 2 情報を「聞く」ことも忘れず

常に最新情報にアップデートを

子どもの病気の専門家といえば「小児科医」だよね。毎日たくさんの子どもを診ているし、新しい専門的な医療情報を集めている。小児科で話を聞いて、持ってる情報をどんどんアップデートしていって。

コミュニケーションを子どもに見せる

人から情報を聞くこと、間違ってたことを修正していくのも大事。先生と親が情報をやりとりする姿を子どもに見せることで「コミュニケーションってこうやるんだよ」って伝えてあげてほしいな。

Chapter 6

おうちでケアもけっこうしんどい

子どもの病気の中には「薬よりもまずはおうちで
ゆっくり休むことが一番の治療」
というようなものがたくさんあるよ。
ママパパがスムーズに看病できるように、
知っていてほしいポイントをまとめてみたよ。

子どもに薬ぜったい無理！

いやーっ!
飲まないとおなか痛いの治らないよ!
こうなったらジュースに混ぜちゃえ!
ほら~まいちゃんジュースだよ~
ジュース
パクッ
……
ゲェッ
やっぱり飲んでくれない!
薬もらうたびにこんなに苦労するの もうイヤ!
どうして薬飲んでくれないんだろう
お薬を飲んでくれないと治療できないこともあるよね
おうちで看病するポイントやコツを伝えるね!

薬の飲ませ方

お薬はデビュー時の対応がとっても大事！　最初に嫌なイメージがついちゃわないようにコレ知ってて

「お薬いやー」はある日突然

今まで飲めていたのに、子どもは成長の段階で急に薬を飲めない、嫌がる、吐き出す、って時期もやってくることも。でもここで大事なのはママが弱気にならないこと。「どうせ飲めないし」「こんな苦い薬は無理」って気持ちが伝わると、子どもも頑張る気持ちがダウンしちゃう。

薬の必要性も伝えていこう

もちろん、どうしても嫌がってしまう時もある。でも、少しずつ飲めるようになっていけるようなかかわりをしていこう。薬はお菓子じゃないので、おいしくないのは当然！　年齢に合わせて薬の必要性や、病気を治す仲間であることを子どもにも伝えていこうね！

1 お薬デビューは「何も混ぜない」から

小さな赤ちゃんの時期は

タイミングは授乳前に。少量の白湯で練って指に付けられるくらいのペースト状にした薬をほっぺの裏や上あごにつける。その後すぐに母乳やミルクをあげるのがコツ。

少し大きくなったら

まずは何かを混ぜる前に、白湯でチャレンジしてみよう。粉薬を白湯に溶かしたらすぐにスプーンやスポイトで少量ずつ口の中へ。ほっぺ側に入れると飲みやすいよ。

飲ませ方のポイント

- 溶かしたら、すぐ飲み切る
- 長い時間をかけない
- 一気に終える
- 飲み終わったらお口直しをして嫌な味を残さない

② 何かに混ぜたら放置しない

何かに混ぜる時は？

白湯だと飲んでくれない時はアイスやヨーグルト、ジュースに混ぜて飲ませることも。粉薬は甘くコーティングしてあるから、放置するとコーティングがはがれて苦くなる！　だから混ぜたらすぐに飲ませるのが大事。

- **飲み合わせを考える（薬剤師さんや病院で聞いておいて）**
- **薬の種類によっては逆に苦みが増すものも**
- **混ぜる量は最低限にしよう**

どんなものがいい？

- **バニラアイス、チョコアイス**
- **ジャム、カスタード**
- **練乳、チョコ、コーンスープ**
- **つぶしバナナ、つぶしいちご**

抗生物質のクラリスロマイシンやエリスロマイシンはスポーツドリンクやオレンジジュース、ヨーグルトなど酸味のあるものと混ぜると苦くなるよ！　薬によって合うものが違うので薬剤師さんに聞いてみて。

※ごはんや多量のミルクに混ぜるのはNG。

ここ大事

それでも飲めない時は

優先順位を聞いてみて

たくさん種類が出された時は、優先順位を聞いてみよう。「絶対にこれだけは飲んでほしい」という薬があることも。

小児科で相談！

「どうしても飲めません」と遠慮せずに小児科で相談を。治療がスタートしていないことは大切な情報だから、次の作戦を考えていこう。飲みやすくなる方法を教えてもらえることも。

人を変えてみる

ママだと甘えちゃうけれど、パパなら飲んでくれる子もいるよ。

抗生物質について

抗生物質が出されないと心配になっちゃうママパパがいるけれど、抗生物質は万能薬ではないからね。必要なのはどんな時か知っておこう。

ウイルスには効果なし

「病気には抗生物質」とイメージするかもしれないけれど、抗生物質は細菌をやっつける薬で、ウイルスは退治できない。子どもがかかる病気って、ほとんどウイルスが原因（→P189）だから、抗生物質が必要になる機会は少ないよね。

今は処方の基準が明確に

抗生物質が効かない「薬剤耐性菌（→P185）」がいなかった頃は、細菌かウイルスか原因がわからない「風邪」でも抗生物質が出されていたことも。今は抗生物質を処方する基準が明確になっているよ。その時の状況や診断などでも変わってくるから、処方について疑問に思うことがあったら質問してみてね。

どんなときに抗生物質は必要になる？

不必要

風邪、ウイルスの病気

風邪はだいたいがウイルス性。中耳炎や副鼻腔炎のように、細菌とウイルスどちらも原因になる病気は、程度によって判断する。

必要

マイコプラズマ気管支炎・肺炎、髄膜炎、溶連菌感染症、百日咳、膀胱炎、クラミジアなど

細菌が原因の病気は抗生物質を飲んで、体内の細菌をやっつけるよ。処方された量・日数をしっかり飲み切ることが大事。

コレ知ってて！

抗生物質のそれ誤解！

1 高熱時は飲んだほうがいい

抗生物質は熱を下げるための薬ではない。熱の高さで飲む、飲まないが決まるのではなく、熱が出ている原因で決まるよ。飲んだから悪化しない、早く治るというものではないよ。

2 悪化させないために早めに飲むべき

抗生物質は病気の予防や、念のため飲んでおく薬ではないよ。「とりあえず何でも抗生物質があれば大丈夫」は大間違い。勝手に先に飲ませちゃうことで治療が中途半端になったり、必要な検査ができなかったりしたら逆効果だよ。

3 治ったら中止していい

熱が下がったら、元気になってきたからと勝手に中止しないでね。抗生物質は出された時に決められた日数分、最後まで飲み切ることで効果を発揮するもの。抗生物質で下痢しちゃった時など副作用が心配な時は小児科、薬剤師さんに相談してね。

ここ大事

抗生物質が効かなくなる?!

「薬剤耐性菌」が増えている！

細菌もだんだん進化していて抗生物質が効かない「薬剤耐性菌」が登場している。正しい使い方を守らず、途中でやめたり不要な時に飲んだりすると、本当に効いてほしい時に効かなくなるかも。

「薬剤耐性菌」から子どもを守るには

大事なのは抗生物質飲む、飲まないを勝手に決めないこと。「これでいいの？」と疑問に思った時には病院で相談してみて。

解熱剤について

お熱が高い時に「解熱剤」を出されることがあるけれど、使ったほうがいいのか使わなくていいのか迷う声をよく聞くよ。

6カ月未満はNG

解熱剤にもいくつか種類があるけれど、子どもに安心して使えるのはアセトアミノフェンという成分。生後6カ月未満の赤ちゃんには基本的に使用しません。

発熱のお助けマン

使うか使わないかは、どちらでもいいよ。「使うと病気がこじれる」と思っている人もいるけど、そんなことはないからね。子どもが熱に負けそうな時に体を楽にするお助けマンみたいな存在だと思って。使うタイミングは体温計の数字とあわせて子どもの様子を観察して決めるよ。「しんどそうだな」と思ったら出番。

効果的な解熱剤の使い方

粉薬と坐薬で効きは変わらない

よく聞かれるんだけど、どちらがよく効くってことはないので、使いやすいほうで。吐き気があれば坐薬、下痢していたら粉薬という感じで、子どもの様子をみて使いやすいほうを選んで。

熱が上がりきった時に使う

熱の出始めだと、熱が高くなる勢いのほうが強くて効かないことが。1℃でも体温が下がれば十分効いているよ。1回使ったら、次に使うまで5～6時間は間隔を空けてね。

熱が38～38.5℃以上の時に使う

体温はあくまで目安。体温は高いけれど、水分が摂れていて、そこそこ元気でよく眠れているなら、解熱剤で熱を下げる必要はないので、そのまま様子をみて大丈夫だよ。

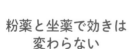

モヤモヤ解決ROOM

お薬飲んでも ピタッと効かないのはなぜ？

咳止め、下痢止め、鼻水の薬など症状に合わせて出される薬は「すぐに治った!」とはならないことも多いよ。

抗生物質

飲み続けることで体の中にいる細菌をやっつけるよ。指示された量・日数を飲み切ることではじめて効果が発揮される。

咳止め（痰の薬）

痰が絡む場合の咳止めは、咳そのものをピタッと止めるわけではないので、効果は見えにくいかも。

整腸剤

腸内環境をよくして症状を改善させる薬だよ。効果が出るのに時間がかかるし、続けて飲まないと意味がないよ。

下痢止め

体に必要ないものを出す症状だからピタッと止めると逆効果なことも。脱水にならない程度に症状をやわらげるものと思って。

解熱剤のよくある誤解

1 熱を下げないと脳に影響する

熱が高いから脳に影響が出るわけではないよ。大切なのは熱が出ている原因。熱が高くても、元気そうだったら解熱剤を使う必要はない。

2 使うとけいれんしやすい

解熱剤を使用することで、熱性けいれんを起こすことにつながるエビデンスはないよ。

コレ心配だよね

「薬はなしでいい」は治療してないってこと？

薬をもらって飲ませると「治療してる」って感じがするかもしれないけど、家でゆっくり休むことも、病気に勝つために体力を回復させる立派な治療だよ。特にウイルスが原因の病気は、「ゆっくりおうちで休む」のも治療の1つと思って。

ウイルスと細菌の違い

子どもがかかる病気には、ウイルスが原因のものと細菌が原因のものが。ウイルスと細菌の違いをわかっておこう。

ウイルスと細菌は違う

ウイルスと細菌の違いの1つは大きさ。細菌は顕微鏡で見ることができるけれど、ウイルスはさらに小さくて電子顕微鏡でないと見えないよ。また、細菌は環境が整っていれば、どんどん自力で増えていくことができるけれど、ウイルスはほかの生きものの細胞の中に入り込まないと増えることができない。

抗生物質が効くのは細菌だけ

ウイルスと細菌では構造が違うので、細菌に効き目がある抗生物質はウイルスには効かない。ウイルスは人間の細胞の中に入り込んで増えるから、人間に影響を与えずにウイルスだけをやっつける薬を開発するのは、すごく難しいの。

大きさをたとえるとこんな感じ!
直径0.1μm
ウイルス
インフルエンザウイルス
直径1μm程度
細菌
緑膿菌

ウイルスも細菌も、体を守ってくれるものと、病気を起こすものがある。先生がどんな病気と判断して、お薬を出してくれているのか疑問に思ったら、遠慮なく聞いみよう。

ウイルス性の病気

- インフルエンザ ▶P.122
- 風邪
- ロタウイルス感染症 ▶P.127
- ノロウイルス感染症 ▶P.126
- 水ぼうそう ▶P.136
- ヘルパンギーナ ▶P.118
- 新型コロナウイルス感染症 ▶P.124
- おたふくかぜ・反復性耳下腺炎 ▶P.138
- 突発性発疹 ▶P.108
- アデノウイルス感染症 ▶P.120
- RSウイルス感染症 ▶P.110
- 水いぼ ▶P.154
- ヒトメタニューモウイルス ▶P.112
- 手足口病 ▶P.116
- りんご病（伝染性紅斑） ▶P.140

細菌とウイルスのどちらも原因になる

- 副鼻腔炎
- 中耳炎 ▶P.144、146

細菌性の病気

- 百日咳
- 細菌性腸炎
- とびひ ▶P.155
- 溶連菌感染症 ▶P.132
- マイコプラズマ気管支炎・肺炎 ▶P.134

上を見るとわかるように、子どもがかかる病気ってほとんどウイルスが原因なの。「風邪」と診断される時も、まだ名前が付いていないウイルスが原因って言われているよ。

免疫スタンプ押してる途中だもん!!

○○ちゃん・くんのかかった病気
アデノウイルス
インフル
ヒトメタ
RSウイルス

アドバイス&まとめ

ウイルス性の病気はウイルスと闘って免疫を獲得することで、次にかかった時には症状が軽くすむこともあるよ。今は、免疫スタンプを集めている段階だと思ってね。

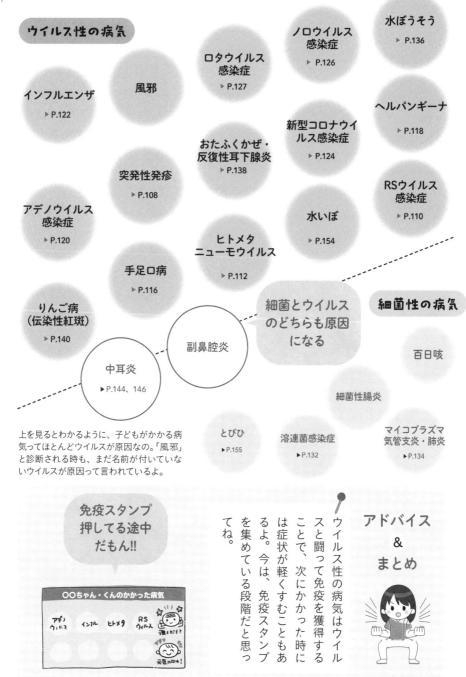

そのほか知っててほしい　いろいろな薬の使い方

病気によっていろいろな薬が処方されるよね。「これはどういう薬?」「どうやって使うの?」とならないように、知っておくと安心だよ。

坐薬

どんな薬

肛門から入れる薬が坐薬。口から飲むのが難しい時に使う。解熱剤､吐き止め、便秘薬など。

ここ大事

- **指の第一関節くらいまで挿入する**
- **便と一緒に出てしまうことがあるので、1～2分くらい押さえる**
- **すぐにうんちと一緒に出てきてしまった場合は、もう一度入れる**

使い方

1. 「半分に切る」など指示がある場合はパッケージごとカットする

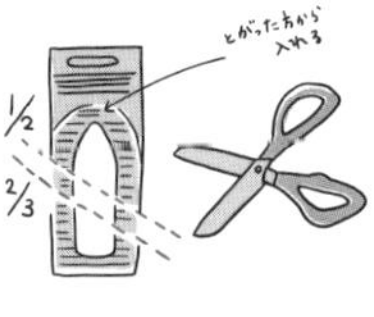

2. 先端にオイルまたはワセリンをつけ、肛門に挿入する

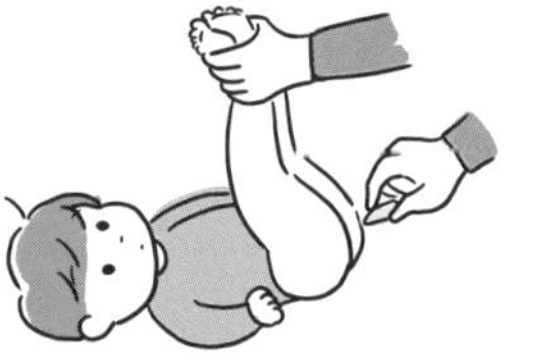

3. 人さし指の第一関節くらいまでしっかり挿入する

4. 1～2分ティッシュで押さえる

点眼薬

どんな薬

いわゆる目薬だよ。結膜炎やものもらいの時に出されることが多い。

ここ大事

- 雑菌が入らないように、ママも子どももしっかり手を洗う
- 下まぶたに1滴落とす。難しい場合は眠っている間に行ってもよい

使い方

1 ひざの下にあおむけに寝かせる

2 下まぶたを引いて1滴落とす。1～2分静かに眼を閉じる

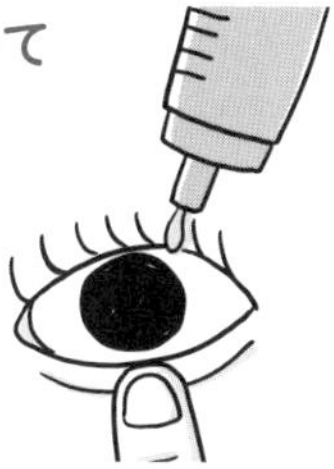

点鼻薬

どんな薬

鼻の中に噴霧する薬。鼻炎の時によく出されるよ。大人でも花粉症の季節によくお世話になるよね。子どもは「鼻の中に入れる」のをこわがって嫌がることが。

ここ大事

- 使用前に鼻をかむ。かめない子は汚れを拭き取る
- 容器を上下によく振る

使い方

1 ひざの上に抱っこする

2 片方の鼻の穴をふさぎ、もう一方の鼻の穴に容器の先を入れて使用する

ステロイド軟膏

どんな薬

アトピー性皮膚炎や湿疹など皮膚トラブルが起きた時に処方される。

ここ大事

- ステロイド軟膏は強弱のランクが5段階あるよ（気になる時は聞いてみよう）
- 大切なことは正しい量をしっかり塗ること
- 適量を使って、まずは皮膚の炎症を治めよう
- 治ってきてからが勝負だよ。一気にやめないで、徐々に減らしていこうね
- だんだん保湿剤だけに移行していこうね
- 塗ったところにティッシュをつけても落ちないくらいの量は塗ってね

使い方

1 適量を指にとる

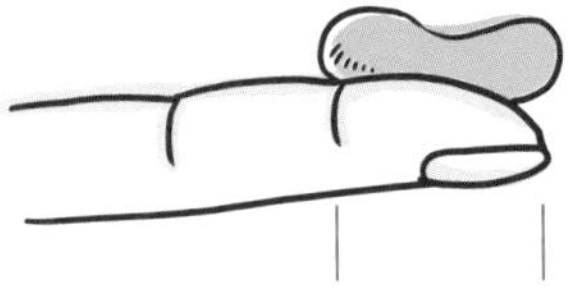

大人の人差し指から第一関節まで。

▼

大人の両手のひら分の面積に塗れるよ。

2 ポンポンと置くようにのせる、すりこまない

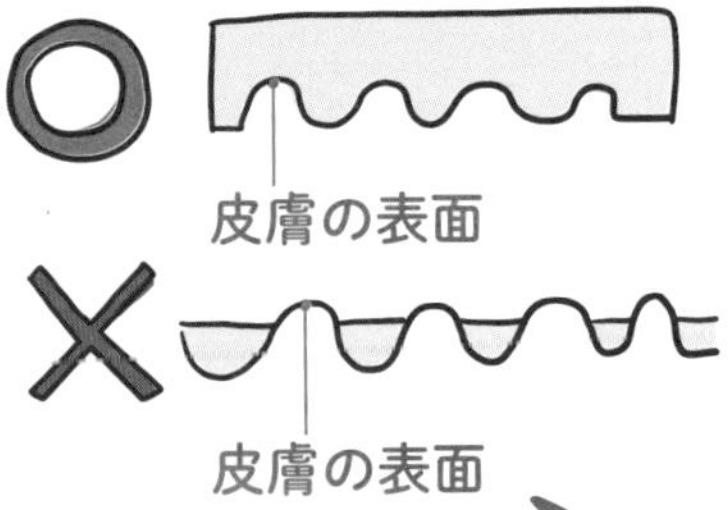

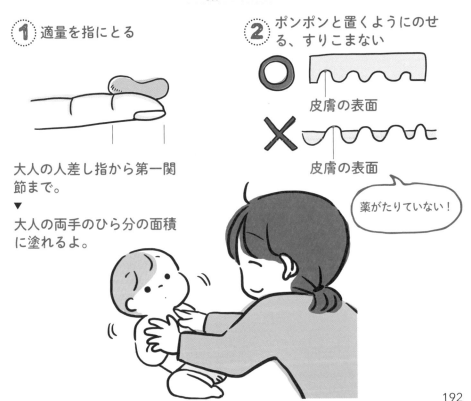

気管支拡張テープ

どんな薬

ぜんそくの子に、咳がひどくて気管支炎や気管支ぜんそくみたいになっている時に処方されるテープ型の薬。ぜんそくの子の、朝方の発作への対応として使用されることが多いよ。

ここ大事

- **咳止めテープではないよ。「咳＝テープを貼る」とは思わないで**
- **急な発作の時や咳込み出した時に貼っても、すぐには効かないよ**
- **貼ってから8時間くらい、ゆっくり時間をかけて少しずつ効いてくる**
- **皮膚からじわじわ吸収して長く効くよ**

使い方

1. 汗を拭き取って貼る場所を清潔にする

2. テープを袋から取り出す ペタペタした部分をさわらない

3. 1日1回、胸、背中、上腕のいずれかに貼る

4. しばらく手のひらで押さえる。貼り換えるのは24時間後でいい

傷のケア

子どもが小さいうちは転んだり、切ったり、すりむいたり。傷のケアの方法も時代とともに変わっているから、最新の情報を知っておいてね。

ケガ＝消毒は昔の話

ケガをしたらまず消毒？　ではありません。**今はケガをしても消毒しなくていいし、カサカサに乾かしてカサブタを作るのもNG。**しっかりきれいに洗ったら、傷をうるうるした環境にする**モイストヒーリング**が一般的。傷口を覆えるモイストヒーリング用のばんそうこうもよく見かけるよね。

ケガによっては受診も

消毒しなくていいと言っても、放置でOKなわけじゃないよ。傷が深かったり、出血が止まらなかったりする時は病院で処置してもらうし、いつまでも痛みが消えなかったり、モイストヒーリングでよくならない時も受診してね。

ケガをしたら

1 流水で洗う

水道などで傷部分をよく洗う。もし洗うのを痛がる、汚れが取れない時は、病院で処置してもらって。

2 傷口を保護する

傷口の上をワセリンで覆って、さらに清潔なガーゼでカバーします。（モイストヒーリング用のばんそうこうでもOK）

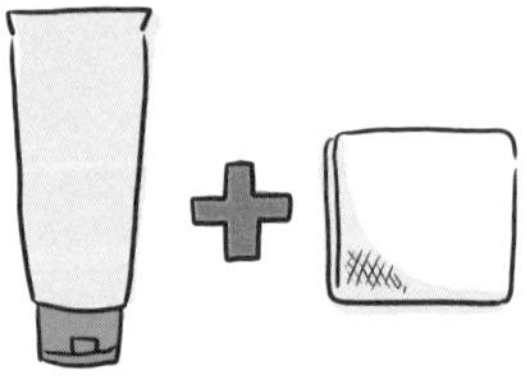

血が止まらなかったら

止血する

清潔なガーゼやハンカチで上から強く圧迫します。5～10分待っても止血できないなら受診を。

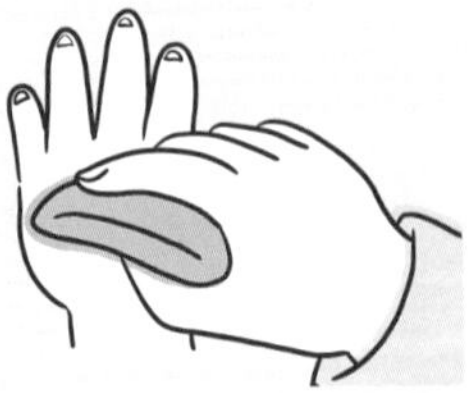

こんなときは受診！

汚い場所での傷

犬や猫のフンが放置されている砂場など普通の環境とは違って感染の心配があるなら受診しておいたほうが安心。

犬にかまれた

狂犬病ワクチンを打っているとしても、すぐに傷口を洗い流した後に、病院を受診して。飼い犬だったかどうかがわかればそれを伝えて。

錆びたクギなど汚いものによるケガ

錆びなど汚いものが体に入った可能性があるなら、病院で処置してもらって。

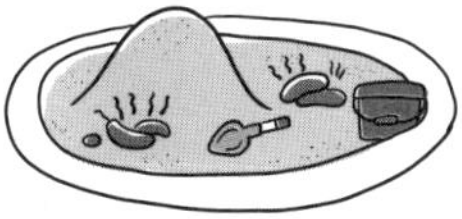

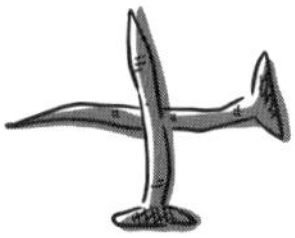

お出かけの時に持っていきたいもの

1 お水

近くに水道がない時に傷口を洗い流す。

2 ワセリン

傷の保護以外にお肌の乾燥が気になるところにも。

3 清潔なガーゼ

出血時に傷の圧迫にも使え、ハンカチの代用に。

4 保冷剤

痛い、かゆい。そんな時には冷やすと落ち着く。

5 ばんそうこう

小さな傷に貼ると子どもの気持ちが落ち着く。

ここ大事

ばんそうこうが向かない傷

ジュクジュクがひどい傷

傷口のジュクジュクがひどくなっている。

汚い場所でのケガ

感染が心配なケガは覆ってしまうと傷がひどくなってしまう可能性が。清潔にした状態で受診してほしい！

水ぶくれができたやけど

モイストヒーリング用のばんそうこうは適応が難しいので、使いたい時は皮膚科に相談しよう。

毎日のスキンケア

忙しい育児の中で保湿ケアはたいへん。でも、皮膚をつるつるすべすべに保つことは、感染症やアレルギーの予防にも役立つからね！

肌ケアでスキンシップを

生後すぐから「保湿、保湿」と言われる時代。「いつまで」って決まりはないけれど、乳幼児期は続けたいし、できれば思春期まではやりたいところ。親子にとってスキンシップの時間として楽しんでほしい。でも負担になりすぎないように、歯みがきみたいに、子どもが自分でだんだんできるようになるといいよね。

紫外線を浴びない対策も大事

子どもの肌のケアでは日焼け対策も重要。小さいうちは日焼け止めを塗ったり、直接紫外線を浴びないような対策がおすすめ。10～14時は外出を避けるのも1つの手だよ。ひどい日焼けはやけどと同じなので皮膚科受診が必要に。

保湿ケアの基本

1 1日2回

最低2回は塗ろう。もし余裕があるなら、5、6回くらい塗ってもいいよ。

2 しっかり、たっぷり

さささーっと塗るんじゃなくて、たっぷりの量をしっかり全身に塗っていってね。

3 時期で使い分ける

汗でベタベタする夏と、乾燥しやすい冬とで保湿剤を使い分けよう。

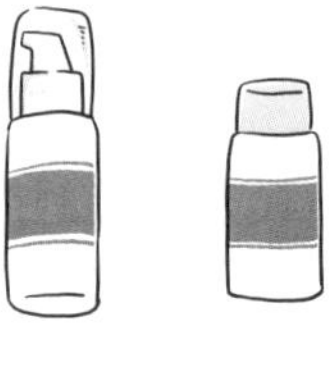

日焼け止めクリームの基本

1 使えるのは生後6カ月から

6カ月までは衣服、帽子などで対策を。生後1カ月から使えるベビー用は、二の腕の内側で皮膚テストをしてから。

2 紫外線吸収剤が入っていないものを選ぶ

紫外線吸収剤が入っていると肌への負担が大きいといわれているよ。皮膚テストをして大丈夫なら少量使っても。

3 塗り方は？

外出の15分前までに塗って、その後2～3時間おきに塗り直す。帰宅したら石けんで泡立ててしっかり洗い流そう。

4 順番は？

いつも使っている保湿剤や塗り薬、日焼け止めクリームの順に。虫よけスプレーをする時は日焼け止めクリームの上に。

「SPF値」と「PA値」はどのくらいがいい？

SPF値は紫外線B波を防止。日常用は15～20、レジャー用は20～40くらいで。PA値は紫外線A波を防止。日常用は「＋＋」、レジャー用は「＋＋以上」に。

日焼けで赤みがあったら

濡れタオルやタオルで包んだ保冷剤でよく冷やした後、肌の保湿を。赤みがひかない時や水疱ができる時は皮膚科へ。水疱は破らないでね！

日焼け止めが
取り切れていないのが、
一番肌によくないよ

石けんを使って洗う

1 よく泡立てる

手で泡が持てるくらい、ひっくり返しても泡が落ちないくらいが目標。

2 しわをしっかり洗う

首や脇、腕や脚のつけ根などしわになっているところに汚れがたまりがち。

3 よくすすぐ

泡が残ると、それが皮膚トラブルのもとになっちゃうからね。

Column

10

離乳食デビューで知っててほしいこと

今まで母乳やミルクしか口にしてなかった赤ちゃんに食事をさせるってすごい成長の一歩だよね。離乳食の進み方は個人差が大きいから、ちょっとした知識があると正しく安心なスタートになるよ。

1 スタート時期は生後5カ月頃に

特に小児科が指示していない場合は、遅らせる必要はないよ。首がすわってきて、大人の食事に興味を持ってきたらスタートしてみて。皮膚トラブルがなく、体調や機嫌のいい、ママパパも余裕がある時に始めてみよう。

2 はじめての食材は平日昼間に

特にたまご、乳製品、小麦、大豆などアレルギーが出やすい食材は、食べた後にアレルギー反応が起きる可能性が。そんな時はすぐに小児科で診てもらえると安心。かかりつけ医が開いている時間に、少量ずつ試すようにしてね。

3 「食べない＝嫌い」ではない

赤ちゃんにとっては口にものを入れて、食べる行為自体がはじめての体験。慣れるまでは嫌がったり、吐き出したりしてしまうこともあるけれど、何度も試してみて。食べない理由は味が嫌とか作り方のせいでないことがほとんどだよ。

赤ちゃんが食べない理由

- まだおなかがすいていない
- この食材の気分じゃない
- まだ遊びたい！
- この固さのものを食べる準備ができていない
- はじめての食感でとまどっている
- もともと小食

4 食物アレルギーかな？と感じたら

食べた後に皮膚に発疹が出たり、下痢をしたり「もしかして食物アレルギーかも」と思ったら小児科で相談してね。自己判断で「この食材はやめておこう」と除去すると、本当にアレルギーだった場合に逆効果なこともあるよ。

どんな症状が出るの？

- 肌にぶつぶつができる
- ゼイゼイする、急な咳、鼻水が出る
- 顔や体に赤みが出る
- 目のまわりや顔が腫れる
- くちびるが腫れる
- 吐く、下痢をする

5 食べる量よりも食材に慣れることが大事

離乳食初期はまだまだ「食べる」練習の時期。栄養は母乳やミルクで十分だよ。離乳食が順調かどうかは食べる量より体重の増えや発達に注目を。食べないからってずっとペースト状、ずっと同じものばかり、味つけを濃くするのはNG。

アドバイス & まとめ

- お口を開けてパクパクなんでも食べてくれる子は極少数。すぐに飽きたり食べムラがあるのも普通だよ。「食事の習慣」を付けるため1回はイスに座らせて、安全のためにも「食べる時は座る」というルールを覚えさせよう。
- 月齢によって食べていい食材、まだ食べられない食材があるので、それは知っておこうね。困った時には小児科や自治体の育児相談窓口に聞いてみよう。

離乳食で注意する食材

何でも好き嫌いなく食べられるようになって、すくすくと成長してほしい。でも、下記の食材はちょっと注意してね。

はちみつ

ボツリヌス菌が混入している可能性が。乳児ボツリヌス症にかかって命にかかわることもあるので1歳未満の赤ちゃんにはちみつやはちみつ入りの飲料、食品は食べさせないで。熱に強い菌だから通常の加熱では死なないよ。

生野菜

離乳食の時期に生野菜を加熱するのは、やわらかくなって食べやすくなるのと、菌を死滅させる衛生面から。衛生面がOKなら、かみきれるものかどうかを考えて決めて。きゅうりなら皮をむくなどすると食べられる場合も。

ぎんなん

離乳食の時期には食べる機会がないと思うけど、中毒センターでも「5歳以下には食べさせないで」といわれている食材。食べ過ぎると中毒を起こして、けいれんや嘔吐、呼吸困難の症状が。5歳以上の子どもが食べたがっても5個以上はやめておこう。

お刺身

目安としては離乳が完了する2歳過ぎから3歳頃。ただお刺身は細菌類がいる可能性もあって食中毒が心配だし、子どもには加熱したほうが食べやすい。特にイカ、タコはかみにくく危険なので、6歳頃からに。

小麦

アレルギーが出やすい食材だけれど、いろいろな食品に入っているから食べられると離乳食がラクに。離乳食開始から1～2カ月経った頃に、うどんから始めてみて。パンやそうめん、麩よりも安全。

生たまご

生たまごにはサルモネラ菌がいるリスクが。赤ちゃんが感染すると重症化する場合があるので3歳過ぎるまでは生たまごはやめておいて。また、卵を食材として使う時には、中までしっかり火を通すようにしてね。

ママたちからよくくる質問

意外に同じようなことで悩んでいるママが多いので、よく聞かれる質問をあげてみたよ。

Q

この離乳食で栄養足りてる？

A 食べてくれないと、栄養が足りなくて成長できないんじゃないかと不安になるよね。体重が発育曲線にそっていて、運動発達も順調なら問題ないことが多いよ。9～10カ月頃に健診があるから気になっていることはぜひ相談してみて。

Q

おかずを投げたり、遊んでばかりでいい？

A 遊び食べや食材に触れてぐちゃぐちゃしたりするのも赤ちゃんにとっては立派な成長の過程だよ。興味があったり、ママが拾ってくれるのがうれしくて遊んでいたり……。こっちに余裕がある時は時間を決めて自由にやらせてあげるのも◎。

Q

ぜんぜん食べてくれません

A 離乳食はまだまだ練習の時期。体重や発達が問題なければ量よりも食材の硬さやいろいろな食材に触れることも優先してね。「食べてオーラ」を出し過ぎずに「一緒に食事するって楽しいね」が伝わることも大事だよ。

Q

食べ過ぎかも？

A 離乳食の時期は食べたいだけ食べさせていいよ。体重が増えるのも当たり前だし、ぽっちゃりして見えても「肥満」ではない。自己判断で食事制限をすると発達に影響が出ることもあるから、悩んだら小児科に相談を。

Q

フォローアップミルクは必要？

A 母乳やミルクの代わりではなく、どちらかといえば牛乳に近くて、「○カ月になったら飲ませる」ってものではないよ。離乳が順調で、体重の増えに問題がなければ飲ませなくてもOK。気になったら小児科に聞いてみてね。

育児にイライラしたら…
このページに避難しよう

**ママだって人間！　子どもが１歳だったら、ママも親として１歳！
イライラしたり、自己嫌悪に陥ったりの連続だったりするよね。
でも、それって当たり前だし悪いことじゃないよ。**

1

１年前や数カ月前のアルバムを見よう！

あんなに赤ちゃんだった子が「こんなに大きくなって〜」って、あらためて視覚で確認してみよう。それは間違いなくママやパパの力だよ！　ママとしての自信がなくなりそうな時や、しんどい時は他人よりも「数カ月前の自分や子ども」を見てみよう。けっこう私って頑張ってきたよね！　ってほめてあげて。

2

3日間だけ脱SNSをやってみよう！

「えーっ無理無理」という人は、1日24時間でもいいので、だまされたと思ってやってみて。その時間はひたすら子どもをよーく見てみよう。すごい成長を感じるよ。

「うちの子、〇〇すごいじゃん」をいっぱい発見しよう！

悩むことは「頑張ってるママの証拠!」。
だから時には頑張るママを休むのも必要。
ママの笑顔は子どもに伝染するから、
笑顔がなくなってしまったら緊急避難しようね。

3

親子で大好きなところ10個ずつ言い合おう！

子どもが上手にお話できるようになったら、一度やってみて。めちゃめちゃ楽しいし、意外とうれしい！　子どもってちゃんと親のこと見ている！　夫婦で、家族で言い合っても楽しい。ケンカしていても、思わずニンマリしちゃうよ♡

4

ただただ悩みをぶちまけよう！

育児のホットラインはたくさんあるよ。電話相談で思いっきり悩みを聞いてもらおう！ママ友でもいいけれど、知らない人だからこそ言える悩みもある。「うん、うん」って聞いてもらえるのってすごく大切なこと。正解じゃなくて共感が欲しい時って、育児中はいっぱいあるもんね。

おわりに

この本を手にとっていただきありがとうございました。

２０２０年の新型コロナウイルス感染症の感染拡大により、子育てをする環境は本当に変わりました。ママ友にも会えない、家族旅行やおじいちゃんおばあちゃんの待っている実家にも帰れない……、そんな今までとは違った日常となりました。

そして今、少しずつ日常が戻りつつあります。それを待っていたかのように、今まで潜んでいた感染症たちが一気に広がってきました。小児科は大忙しです。

この本を書いている今もインフルエンザや溶連菌感染症、アデノウイルス感染症、ウイルス性胃腸炎など、さまざまな病気が流行しています。

久しぶりの病気の流行に、テレビ等でも連日さまざまな情報が飛び交っています。子どもの病気関連の情報は今や本屋さんにもたくさんありますし、情報だけならＳＮＳ上にもあふれているし容易に手に入ります。

でも、ありすぎるから余計に困っちゃうこともあるなぁって、育児真っ最中の母親の立場から思ってしまいます。

この本は小児救急看護認定看護師という医療者としての立場、そして私が母親として実際に子どもの受診のタイミングに迷ったり、おうちケアを体験し焦ったり、困ったりの経験をした立場の両面で書きました。

ずいぶん昔のことですが、おたふくかぜによる難聴を患った子どもをもつ保護者から、「こんなことならワクチンのこと、病気のこと、ちゃんと知っておきたかった、だれも教えてくれなかった。もっとちゃんと教えてほしかった」。そんなことを言われたことがあります。

情報が届かなかったり、誤解されたまま伝わってしまったり、私たち医療者も情報を正しく伝えるスキルやシステムが求められるようになってきています。

「知っておけばよかった〜（泣）」って悲しむママパパをゼロにしたい、
「知っていてよかった〜（笑）」ってホッとするママパパをたくさんにしたい！
そんな思いがこの活動を始めたきっかけです。

子どもが元気な時は親にはうれしい悲鳴があります。
ご飯もいっぱい食べる！
外遊びでは限界まで遊ぶ！
なかなか寝ないし、朝は早い！
もうすべてが元気な証拠!!
だからこそ、子どもが病気の時くらいは、ママもゆっくり子どもと過ごしてほしい。
必要以上に不安にならなくていいように、小児科で聞いて、安心して過ごしてほしい。

子どもの笑顔を守るために、まずは親も笑顔になろう！
そのために楽できるところは楽してほしい。
その一助になったらうれしいです。

この本を出版するにあたりお声がけいただきました望月久美子さん、原稿をまとめてくださった古川はる香さん、何度もの修正や変更をギリギリまで受け入れてくださったデザイナーの瀬戸冬実さん、そしてこの本のイメージをほっこり温かくしてくださったまんが家・イラストレーターのみほははさん、本当にありがとうございました。

最後に、小児科や「つなひろ」の活動で一緒に働いてくれている皆さん、いつも本当にありがとうございます。そしてインスタグラムで応援してくださっているフォロワーの皆さんの応援メッセージやＳＮＳ上でのやりとりは、毎回私の頑張るエネルギーをチャージしてくれております。

これからもママパパにとって子育てが楽しくなる情報を直接届け、発信して、多くの方に役立つ活動を続けていきたいと思います！

野村さちい

参考文献

『熱性けいれん(熱性発作) 診療ガイドライン 2023』(診断と治療社)
『赤ちゃんと子どもの応急処置マニュアル　原書第5版』(南江堂)
『小児救急医療の理論と実践』日本小児科学会、日本小児救急医学会(編集室なるにあ)
『小児疾患診療のための病態生理1・2・3　改訂第6版』(東京医学社)
『小児疾患の診断治療基準　第5版』(東京医学社)
『救急蘇生法の指針2020』(へるす出版)
『日常診療に役立つ小児感染症マニュアル2023』日本小児感染症学会(東京医学社)
『小児感染免疫学』日本小児感染症学会(朝倉書店)
『日本子どもの資料年鑑2023』愛育研究所(KTC中央出版)
『予防接種の手引き　2022-2023年度版』(近代出版)
『予防接種に関するQ&A集2023』日本ワクチン産業協会
『発生状況からみた急性中毒初期対応のポイント 家庭用品編』
日本中毒情報センター(へるす出版)
『小児気管支喘息治療・管理ガイドライン2023』日本小児アレルギー学会(協和企画)
『小児滲出性中耳炎診療ガイドライン2022』
日本耳科学会・日本小児耳鼻咽喉科学会(金原出版)

著者　野村さちい

1998年に看護師取得。現在小児看護歴24年目。2013年に小児救急看護認定看護師を取得する。2016年一般社団法人「つながる　ひろがる　子どもの救急」を設立し、小児救急医療の現場からの保護者への普及啓発をSNSや講座で発信する仕事をスタート。2021年12月、2023年8月にNHK「すくすく子育て」に出演。岡崎市在住、2人の娘のお母さんでもある。
HP https://tsunahiro.jp/

@TSUNAHIRO_NOMUSACHI

監修／竜美ヶ丘小児科院長　鈴木研史
1993年医師免許取得。2000年現：藤田医科大学院博士課程修了、2002年現：藤田医科大学医学部講師、2005年竜美ヶ丘小児科院長現在に至る。資格：小児科専門医、PALS・PEARS・BLSインストラクター（AHA：アメリカ心臓協会）、JPLS講師（日本小児科学）等。
https://www.tatsumigaoka-child-clinic.jp

STAFF

装丁・本文デザイン／瀬戸冬実

まんが・イラスト／みほはは

キャラクターイラスト／
田村 千宙（株式会社文創社）

原稿／古川はる香

校正／鷗来堂

編集協力／松山絢菜

企画編集／
望月久美子（日東書院本社）

子どもの病気・救急
ぜったい「これ知ってて！」

2024年3月5日　初版第1刷発行
2024年7月10日　初版第3刷発行

著者　野村さちい
発行者　廣瀬和二
発行所　株式会社日東書院本社
〒113-0033　東京都文京区本郷1丁目33番13号
春日町ビル5F
TEL:03-5931-5930（代表）
FAX:03-6386-3087（販売部）
URL: http://www.TG-NET.co.jp

印刷　三共グラフィック株式会社
製本　株式会社セイコーバインダリー

Printed in Japan
ISBN 978-4-528-02424-3　C2077